너의 꽃잎은 새들의 날개보다 아름다워

더욱 빛나는 별이 되어 있을 너를 그리며

장유진 시인
유고집

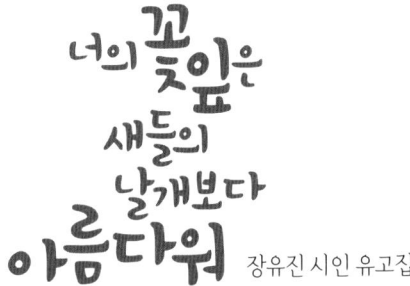 장유진 시인 유고집

초판 1쇄 2020년 9월 25일

지은이　　장유진
펴낸이　　조병성
기획/편집　송누리
펴낸곳　　밀알

등록번호　2009-000263
서울시 강남구 광평로 295 (수서동, 사이룩스) 동관 207호
전화 02-3411-6896　팩스 02-3411-6657

디자인/인쇄　도노디자인 02 2272 5009

ISBN 979-11-966743-6-6
값 12,000원

*파본 및 잘못된 책은 바꿔드립니다.
*이 책의 판매수익금 중 5%는 재가장애인 사업을 위한 기금으로 사용됩니다.

| 발간사 |

　최근에 지인에게 받은 글 중에 시인 박형준의 이야기를 보게 되었습니다. 그는 "왜 시를 쓰느냐?"는 물음에 "아름다움에 허기져서"라고 했다고 합니다. 아름다움에 허기가 진다는 표현을 보며 시인은 질문에 대한 대답도 시로 하는구나 하는 생각을 하게 되었습니다. 고(故) 장유진 시인도 아마 이런 마음으로 시를 써 내려가지 않았을까 생각해 봅니다. 항상 작은 것에 감사할 줄 알고 자신 앞에 주어진 현실에서 아름다움에 대한 갈망을 허기진 마음으로 노래하는 시인이었다 생각됩니다. 때로는 삶의 위기와 처절한 아픔 속에서 희망을 노래할 줄 알았고 함께하는 모든 이들을 향한 그리움과 미안함과 그리고 사랑을 시로 노래했습니다. 지병으로 쓰러져 가는 순간에도 꿈을 잃지 않았고 그 고통의 순간 또한 시로 노래했습니다. 장유진 시인의 삶이 곧 시였고 시인의 모든 일상이었습니다. 순수한 마음과 생각으로 또박또박 써 내려간 시들은 입가의 엷은 미소로 때로는 눈가의 촉촉한 눈물로 흘러내립니다. 아마도 장유진 시인의 삶이 고스란히 시에 담겨있기 때문인 듯합니다. 이런 장유진 시인의 시를 우리 밀알에서 출판할 수 있어 정말 행복합니다. 이 행복한 마음이 이 시집을 읽는 모든 이들에게 고스란히 잘 전달되어 많은 이들이 함께 이 행복을 누리길 소망합니다.

　이 시집이 나올 수 있도록 마음과 힘을 다해 힘써 주신 용인강남학교 김용한 교장 선생님과 십시일반으로 시집 발간을 위해 아낌없이 후원해 주신 모든 분 그리고 귀한 딸을 먼저 하나님 곁으로 떠나보내고 그 아픈 마음을 달래며 딸이 남기고 떠난 시들을 보내주시고 함께 후원해 주신 장유진 시인의 부모님을 비롯한 모든 가족께 감사드립니다. 다시 한번 장유진 시인의 유고시집이 이 땅에 고통받고 아파하며 아름다움에 허기진 마음을 움켜잡고 살아가는 모든 이들에게 꿈과 소망과 생명이 메시지가 되길 소망합니다. 샬롬.

조병성 목사
한국밀알선교단 단장, 밀알출판사 대표

| 추천사 |

다윗의 시를 생각하며

  고(故)장유진 시인의 이름을 써 본다는 것 자체가 하나님의 섭리요, 오묘 극진함에 엎드려 감사드립니다.

  1995년 3월 6일에 태어나 초등학교 1학년에 뇌동정맥 기형이 발병하였으니, 겨우 부모님의 사랑을 알기에도 부족할 때입니다. 특히 뇌동정맥 기형이었으니 사고의 능력도 없을 때라 생각됩니다. 어린 몸에 열일곱 번의 뇌수술을 견뎌 내는 일도 가슴이 저리도록 아픕니다.

  이러한 연약한 몸으로 15년 동안 병마와 씨름하며 지내면서도 하나님께서 특별한 재능을 주셨기에 만여 편의 시를 쓸 수 있었던 일은 선택받은 자임이 분명합니다. 더욱이 주옥같은 시를 쓸 수 있었다니, 하나님의 특별한 은총이었으리라.

  "내가 시를 만든 것이 아니라 시가 나를 만든다."고 한 시성 괴테의 말처럼, 병상에 누워서 남다른 주옥같은 시를 쓸 수 있었던 것은 자력이라기보다 하나님의 섭리였음이 분명합니다. 특히 2016년 장유진 동시집 『좋아요 좋아요 나는』을 창조문예사에서 출간하면서 몇 번을 읽으며 순간순간 가슴이 뜨겁고, 이것은 기적임이 분명하다고 생각하였습니다. 그래서 월간 【창조문예】 창간 20주년 기념식 때 장유진 시인에게 특별상인 '베데스다 문학상'을 시상하였던 것입니다.

  금번에 출간된 『너의 꽃잎은 새들의 날개보다 아름다워』도 많은 장애인들과 그 부모님들이, 또 우리가 꼭 읽었으면 하는 시집입니다. 장유진 시인은 특히 우리에게 커다란 하나님의 은총의 섭리를 문학적인 측면에서 보여 주었다고 확신합니다. 또한 이 시집은 그동안 장유진 시인을 양육하느라 헌신하신 어머님의 눈물을 닦아 주리라 믿으며 이 시집을 통해 위로하고 싶습니다.

임만호 시인
월간 창조문예 발행인

| 추천사 |

천재는 단명한다

"천재는 단명한다." 수 프리도(문학가, 영국)가 말했습니다. 고(故)장유진 시인은 가장 어린 12살의 나이로 한국 문단에 나와 만여 편의 시를 자기 생명으로 쓰고 23살에 주님의 부름을 받은 천재 시인입니다.

내 마음 깊은 곳
어둠이 나를 깨운다
외로움은 싫어도
혼자만의 시간이 참 좋다

내 마음 어둠 속
별처럼 박힌 걱정이
밝은 빛으로 꽃 피어나는 새벽
혼자만의 시간이 참 좋다

「새벽 1」의 전문

  7살에 얻은 뇌동정맥기형 희소병으로 장유진 시인의 하루는 날마다 내일을 기대할 수 없는 마지막 날인 것처럼 절박하게 살아온 삶이었습니다. 더욱이 하루를 시작하는 새벽부터 오늘을 생존해야 하는 삶의 채비는 그녀의 두려운 고독이었습니다. 그 고독 속에서 토해낸 소중한 생의 조각이 그녀의 시입니다. 시는 그녀의 생명이었습니다.
  영혼은 하늘로 가고 땅으로부터 온 시는 땅의 영혼으로 여기 남아 첫 유고시집을 그녀의 어머니와 지인들의 도움으로 『너의 꽃잎은 새들의 날개보다 아름다워』 시집으로 빛을 보게 되었습니다.
  시인은 갔습니다. 그러나 그의 시는 이 땅에 영원히 남습니다. 시를 사랑하고 장애인을 존중하는 모든 어머니 아버지들, 교사, 그리고 사람을 사랑하는 모든 사람에게 일독을 바랍니다.

고훈 시인
안산제일교회 원로목사

| 추천사 |

항상 희망을 노래하던 시인, 장유진

고(故)장유진 시인과의 첫 만남은 2007년 4월, 제가 섬기는 안산제일교회에서 사랑부 주관 장애인 선교주일 특별행사 때였습니다. 당시 초등학교 6학년 학생으로서 발달장애인과 그 부모들에게 소망을 주는 자작시, 『좋아요 좋아요 나는』을 낭송하여 저녁 예배에 참석한 많은 분으로부터 큰 박수를 받았던 기억이 새롭게 떠오릅니다.

'뇌동정맥기형'이라는 희귀난치병(稀少病) 때문에 자신의 의지와 상관없이 뇌출혈로 인해 여러 차례 쓰러졌지만, 장유진 시인은 항상 희망을 노래하는 시를 쓰며 자신보다 힘들고 어려운 상황에 놓인 사람들의 마음 밭에 소망의 씨앗을 심어주었습니다.

특히 2013년에는 희수병 환자들의 모임인 '메이크어위시(Make-A-Wish)' 합창단의 타이틀곡인 "위시즈 컴 트루(Wishes Come True, 소망은 이루어진다)"의 가사를 쓰기도 했습니다.

까만 밤하늘 속에 밝게 빛나는 별들
그대 마음이 가득히 오늘 이렇게 따뜻한 바람 불어오는 그런 날
그대 보이나요
아름다운 꿈이 일곱 빛깔의 무지개
그대 느끼나요
우리들의 희망 그 소중함을 함께 만들어요

이렇게 많은 사람에게 어려움을 딛고 도전할 수 있는 용기를 주던 장유진 시인이 2015년 11월, 14번째 뇌출혈로 쓰러져 삼성의료원 중환자실에서 생사를 넘나드는 위기가 닥쳐왔을 때도, 어머님은 병실 한쪽에 평소 장유진 시인이 시를 써왔던 스프링 노트를 쌓아두고 하나님께 간절히 기도하고 있었습니다. 그 시작 노트를 보는 순간, 교회 카페에서 유진 자매와 함께 나누었던 '시집 출판' 약속이 생각나서 창조문예사 임만호 장로님께 부탁을 드렸고, 2016년 6월 『좋아요 좋아요 나는』 동시집이 출간되었습니다. 그 시집을 갖고 병실을 찾았을 때 장유진 시인은 정말 기적적으로 의식을 회복하였고, 그 후 요양병원 등에서 재활 훈련을 통해 말로 간단한 의사소통을 할 수 있게 되었으며, 또한 어머니와 함께 희소병 환자들의 의료보험을 홍보하는 공익광고에도 출연하였습니다.

그래서 그 영상을 보며 많은 사람이 기뻐하였고 얼른 병상에서 일어나 더욱 아름다운 시를 써서 힘든 처지에 놓인 사람들에게 큰 감동을 선사해주기를 소망하였습니다. 그러나 안타깝게도 장유진 시인은 2년 전에 다시 뇌출혈로 인해 하나님의 부르심을 받았습니다. 뇌병변 장애와 시력의 불편함이 있었지만, 항상 밝게 웃으며, 2080년까지 이루고 싶은 '꿈' 목록을 방에 붙여두고 있었는데 비록 이 땅에서는 그 꿈을 다 이루지 못했지만, 천국에서 하나님과 동행하며 건강한 모습으로 마음껏 시를 쓰며 행복하게 지내길 바라는 마음입니다.

이번 유고 시집은 장유진 시인이 중학교 이후에 쓴 스프링노트 26~60권 속에 담긴 시들 중 특별히 감동적인 작품들이 선별된 것이며, 그동안 장유진 시인의 꿈을 사랑하고 생전에 건강 회복을 위해 함께 기도해주었던 많은 분의 정성이 모여 출판되는 것이기에 더욱 의미가 깊다고 생각합니다. 독자들도 이 시집에 담긴 고귀한 뜻을 기억하며, 장유진 시인이 남긴 시를 통해 어떤 상황에서도 희망을 노래할 수 있기를 바랍니다.

김용한
용인강남학교 교장

| 감사의 글 |

유진아! 엄마다. 엄마야 유진아!

　유진아! 건강하고 행복하게 잘 있지?
　오늘은 유진이에게 좋은 소식을 전한다. 먼저 축하 축하해. 이곳에 있을 때 유진이가 정말 존경했던 분들을 유진이도 기억하지? 참 많이도 유진이를 사랑해 주시고 아껴주시고 보듬어주시고 끝까지 지켜주신 고마운 분들을 유진이도 잘 알지? 고훈 목사님, 임만호 장로님, 김용한 교장 선생님, 김영환 PD님, 아너스 재활요양병원 윤지상 원장님, 조병성 단장님, 조수정 간사님, 한국밀알선교단 관계자분들, 그리고 유진이를 사랑하고 유진이를 그리워하는 많은 분의 따뜻한 손길이 모여서 유진이의 유고시집을 만들어 주셨단다. 유진이가 남기고 간 만여 편의 시 친구 중 170여 편이 세상 밖으로 나오도록 해 주셨구나.
　유진아! 너무너무 좋지? 그곳이 아니고 이곳에 있다면 얼마나 더 좋을까. 우리 유진이 정말 좋아서 머리가 하늘까지 닿았을 텐데... 모든 분께 정말 감사하지 유진아? 엄마랑 손잡고 모든 분께 인사드려야 되는데, 대신 유진이가 그 먼 곳에서 "감사합니다. 존경합니다."라고 속삭여 드릴 거지?
　언제나 행복을 주었고 사랑을 심어주었고 너무도 반듯하고 착하게 열정적으로 산 유진이는 앵커가 되어서 약자에게 희망을 주겠다고 홈쇼핑 아나운서에도 합격하였지만, 꼭 공영방송 앵커가 되어서 절룩거리는 모습으로 뉴스 진행하러 나오는 모습을 화면으로 보여주고 싶다고 했던 게 생각나는구나. 또한 고된 일과를 마친 사람들이 지하철 안에서 유진이가 쓴 시를 읽고 하루의 피로를 풀 수 있는, 웃음을 주는 시인이 되고 싶다고도 했는데...
　장애인도 할 수 있음을 보여주기 위해 하루에 모나미 볼펜 심 한 자루씩을 다

사용자는 계획에 따라 만여 편의 시와 글을 적고, 적고, 또 적어가며 손가락 변형까지 왔고, 한국 최초의 노벨문학상 수상자가 되고 싶다고 마지막 목표도 벽에 붙여 놓았었는데...

  짧은 인생에서 많은 글을 남기고 간 유진아, 엄마는 여기서도 유진이가 보이고 저기에서도 유진이가 보이는데... 유진이가 잠든 납골당에 가면 밝은 모습으로 브이 자 포즈를 취하고 지금도 웃고만 있구나. 유진아 유진아! 엄마가 아프게 낳아서 정말 미안하고 병 못 고쳐줘서 미안하고 그 먼 곳 함께 가지 못해서 또 미안하고, 그동안 함께한 약속을 못 지켜주어 또 또 미안하구나.

  유진아 유진아! 이곳에서는 너무도 많이 아팠기에 그곳에서는 절대로 아프지 말고 앵커도 하고 시인도 하고 글도 적고 노벨문학상보다 더 좋은 하나님상도 받으면서 하나님, 천사님, 좋은 분들의 사랑받으며 유진이답게 행복하게 지내거라. 그리고 "유진아! 엄마다. 엄마야 유진아!" "엄마다. 엄마다. 유진이예요." 하면서 반갑게 만날 날을 기대하자. 유진아 사랑해!

  끝으로 유진이 대신 엄마인 제가 이번 시집 출간을 위해 함께 힘을 모아주신 모든 분께 깊은 감사의 인사를 드립니다. 그리고 저의 딸 유진이를 이렇게 끝까지 사랑해주시고 그리워해 주시는 모든 분께 하나님의 은총이 함께 하시길 기도드립니다.

유진이가 떠난 지 2년 100일이 된
2020년 8월 25일 엄마가

| 차 례 |

발간사 _____ 05
추천사 _____ 06
감사의 글 _____ 10

감동 _____ 21
엄마가 머리 잘라 주던 날 _____ 22
나무 인생 _____ 23
텅 빈 운동장 _____ 24
한라산이 내게 한 말 _____ 25
나는 장미에게 장미는 나에게 _____ 27
친구 _____ 29
내 마음 _____ 30
숙제 _____ 31
내 누묵샘 _____ 32
예쁜 유진이 _____ 33
중환자실 _____ 34
민들레 홀씨 _____ 35
휠체어 타기 _____ 36
오빠 _____ 37
다영이의 편지 _____ 38
시야 고마워 _____ 39
포기 _____ 40
좌절 금지 _____ 41
수도꼭지 _____ 42
고민 상담 _____ 43

희망의 정원 _____ 44

눈동자 _____ 46

꿈 _____ 47

방 _____ 48

바람 _____ 49

2만 원 _____ 50

엄마가 늙으면... _____ 51

몰래 공부 _____ 52

모든 사람이 행복해졌으면 좋겠어요 _____ 53

눈1 _____ 54

꿈 _____ 55

글 쓰는 것 _____ 56

비 오는 날1 _____ 57

난 아직도 사춘기가 끝나지 않았나 봐요 _____ 58

또 왔어요 _____ 59

가족 _____ 60

"아니야 언능 자" _____ 61

장마철 _____ 62

새싹은 소녀를 찾습니다 _____ 63

그림 그리기2 _____ 64

구름1 _____ 65

짐 싸기 _____ 66

하늘1 _____ 67

하늘 _____ 68

잠자리 _____ 69

가을 _____ 70

이금희 언니를 본 날 _____ 71

| 차례 |

나는 책이 참 좋습니다 ——— 72
그네 ——— 73
삭발 ——— 74
인생을 살아가는 일 ——— 75
나무의 손길 ——— 76
왜 사나 싶네 ——— 77
탁구 ——— 78
주문 ——— 79
장애인 ——— 80
다른 사람들이 보는 나는? ——— 81
시 ——— 82
좌절 ——— 83
날개 ——— 84
엄마랑 싸우고 난 뒤 ——— 85
달1 ——— 86
달2 ——— 87
당신의 사랑에 보답해야 할 때 ——— 88
별 ——— 89
그런 소리 하지 마 ——— 90
시 쓰기 ——— 91
그네 타는 법 ——— 92
내 방 ——— 93
하늘색 자전거 ——— 94
왼손 ——— 95
꿈 ——— 96
개나리 밥 ——— 97

절실함 _____ 98
더 큰 별을 찾으러 갑니다 _____ 99
눈물 _____ 101
머리 혹 _____ 102
병1 _____ 103
체육대회 _____ 104
시 _____ 105
기도 _____ 106
친구 _____ 107
하늘 _____ 108
장마 _____ 109
바람의 마음 _____ 110
고통 아픔 슬픔 _____ 111
매미 _____ 112
친구 _____ 113
좋아하는 마음 _____ 114
돛단배 _____ 115
상처 _____ 116
나무의 사랑 _____ 117
이슬 _____ 118
날개 _____ 119
탕수육 _____ 120
노래 _____ 121
종이 _____ 122
웃어야지 _____ 123
오늘같이 기분 좋은 날 _____ 124

| 차례 |

안 미안해 _____ 125
희망 _____ 126
단풍잎 별 _____ 127
하늘 _____ 128
어둠 _____ 129
노 _____ 130
수도꼭지 _____ 131
왼손을 잡아주던 그 손길들 _____ 132
응원 _____ 134
사랑꽃 _____ 135
생일 선물 _____ 136
희망 _____ 137
하늘 _____ 138
비오는 소리 _____ 139
바람 _____ 140
심사 _____ 141
공기 _____ 142
맑은 날 _____ 143
어쩌다 _____ 144
걱정 _____ 145
답답해 _____ 146
가을비 _____ 147
설레는 마음 _____ 148
보름달 _____ 149
가을 _____ 150
시간 _____ 151

Wishes Come True 152
하늘 153
벌 154
날개 155
난관 156
감사일기 157
선택 158
친구 159
사과 160
고3 161
세월 162
슬픔 163
기도 164
인생 165
피곤 166
가고 싶네 167
제일 싫은 말 168
발걸음 169
운명 170
눈물 171
지하철 172
도전 173
바람 174
사랑합니다 175
안 부러워요 176
말을 할 줄 안다면 177

선인장 179
바람 180
처음 181
나비 182
바람 183
날갯짓 184
비 185
꿈 186
생각 187
20대 188
쉬고 싶다 189
가을 190
조화로운 삶 191
멈춰있는 것 192
하루 193
김영환 PD 아저씨 194
밤 195
날씨 196
새벽 197
새벽 198
진짜 진짜 좋아해 199
유진이에게 200
유진아 엄마랑 201

고(故) 장유진 시인의 흔적 202

너의 꽃잎은 새들의 날개보다 아름다워

더욱 빛나는 별이 되어 있을 너를 그리며

장유진 시인
유고집

감동

오늘
한 언니에게서
감동이라는
씨앗을 받았네

그 씨앗을
맘속에 심으며
희망이 싹트고
노력의 꽃이 피고
나도 노력해서
누군가에게 감동을 줄 수 있는 사람이 될 거라는
용기의 열매도 맺혔네

09.01.21

엄마가 머리 잘라 주던 날

담임 선생님이
내 머리가 길다며
머리를 잘라 오라고
말씀하셨네

그 말을 들으신
우리 엄마
미용실이 너무 비싸다며
자신이 직접 잘라주겠다고
하시네

싹둑싹둑
엄마 손에 맡긴
내 머리카락이 마치
낙엽처럼
우수수 떨어지네

마침내
부엌 가위 잡으시고
자르신
완성된 나의 머리
삐뚤빼뚤
길이가 조금은 맞지 않지만
엄마의 사랑이 담겨 있어
점점 좋아지는
나의 머리

09.03.23

나무 인생

우리들 인생은 나무 인생
희망의 뿌리를 내리고
하늘 끝까지 자라겠다는 꿈을 품은 나무 인생

딱따구리가
살을 파고드는 고통을 주고
홍수와 가뭄이 찾아와
우리를 힘들게 하지만
그 고통을 이겨내고 튼튼히 자라나는 나무 인생

고통 뒤에 숨어있던
희망의 햇빛을 받으며
마침내 꿈을 이루어 내는 나무 인생처럼

"친구들아!
지금은 비록 힘들고 아프지만
저 높고 푸른 나무처럼
내일은 오늘보다 행복할 거야
포기만 하지 않으면 우리에게는 희망이 있으니까
친구들아, 힘내자
희망을 가슴에 심고"

09.04.10

텅 빈 운동장

바람만이 혼자
차지한
텅 빈 운동장

어제오늘
아이들이 오기만을
기다리는
텅 빈 운동장

나 혼자서라도
달려 나가
조금이나마 운동장을
채워주고 싶네

09.04.15

한라산이 내게 한 말

한 손엔 우산을 들고
한 손은 엄마의 손을 잡고
한 발, 한 발
한라산을 오르는 날
주룩주룩
비들도
한라산으로
놀러 오네

물안개는
귀한 보물을 숨기듯
내 시야를 가리고
"무엇을 숨기었지?"
안개가 숨긴 보물을
밝혀내기 위해
더 힘을 내어
산을 오르네

올라가도 올라가도
끝이 보이지 않는 한라산
아직 좁디좁은 오빠의
등에 업혀
다시 한라산을 올라가네

빗물에 미끄러질 뻔하고
아무 길이나 널브려 앉아 휴식을 취하고
그러다
도저히 포기할 수 없어서

새의 연주 소리에 맞춰
노래를 부르며
오르기를 반복하네

드디어
한라산 꼭대기에 올랐네
'언제쯤이면
다 오를 수 있을까?' 답답하기만 하던
나의 속은
변기통이 뚫리듯
시원하게 탁 트이고
물안개도
내게 수고했다며
꼭꼭 숨겨 왔던 한라산
풍경을 보여주네.

'어승생 해발 1,169m'에서
소리를 외치네
"장유진 넌 할 수 있어"
건너편에서도
"장유진 넌 할 수 있어"
외쳐주었네

09.05.10

나는 장미에게
장미는 나에게

쨍~쨍~쨍
햇빛이 내리쬐는 여름날
아파트 단지 담장을 타고
올라오는 장미

가만히 가만히
장미를 보니
꼭 내 모습을 보는 것 같네

절뚝절뚝
사람들의 많은 시선 속에서
상처를 받고
가시를 품고 있는 내 모습

내가 품고 있는
가시 때문에
어느 누구도
다가오려 하지 않는 모습에
슬퍼서 아무도 없는 이른 새벽에
남몰래 우는 내 모습

열정적으로
꿈을 피워내는
붉은 장미꽃
나도 언젠가는
시인 장미꽃
시울대 국어 국문학과 교수 장미꽃

너의 꽃잎은 새들의 날개보다 아름다워

내레이션 장미꽃을
가슴에 심고
붉게 핀 장미꽃처럼 피우고 싶네

"장미야 우리 힘내자"
"유진아 우리 힘내자"
장미는 내게 향기로 말하고
나는 장미에게 웃음으로 답하네

09.05.22

친구

늘 가슴에
상처를 남겨주는
친구

내게는
기쁜 일도 만들어 주지만
슬픈 일을 더 많이
만들어주는 친구

이제는 친구한테
기대하지 않을 거네
내 마음은 충분히
상처받을 공간이 없을 정도로
상처가
흘러넘치니까

09.05.23

내 마음

내 마음은
두 개

상처를 너무 많이
받아서
상처투성이인
상처 전용
마음과 다른 하나는
살아가면서
제 기능, 제구실을 다 하는
마음

이제는
상처받을 일이 없어져서
마음이
하나가 되었으면 좋겠네
혹시 오늘도 상처를 받을까 두려워
상처 전용 마음까지 두 개나
들고 다니는 터라
내 마음은 항상
무거우니까

09.05.30

숙제

집에서
엉~엉 울었네
학교에서 속상한 일이 많아서
엉~엉 울었네

지켜보던 엄마가
내게 말씀하시네
"유진아 어쩔 수 없어
이게 너의 숙제야. 너 자신을
받아들이는 숙제"

오늘 내겐
숙제가 하나 생겼네
나 자신을 받아들이는 숙제,
옛날부터 있었던 숙제이지만 비로소
오늘에야 생각이 난 숙제
말은 쉽지만 행동은 어려운
엄마와 나 자신의 숙제가 말이네

09.06.18

내 눈물샘

내 눈물샘은
바다인가 보네

별것도 아닌 일에 잘 울고
아무리 울어도
내 눈물은 줄지 않으니까

내 눈물샘은
내 마음인가 봐
속상한 일 때문에 펑~펑 울고 나면
마음이 홀가분해지니까

09.09.02

예쁜 유진이

"예쁜 유진이는 어디 가니?"
사회 선생님이
내게 불러주시는
'예쁜 유진'이란 말

예쁘지도 않은 내게
'예쁜 유진아'
'예쁜 유진아'하고
불러주시니

내가 꼭 예쁜 사람이 되어야겠다는
생각이 드네
얼굴보다는
마음이 더 예쁜
그런
유진이가 되어야겠네

09.09.05

중환자실

여러 기계들
내 몸에 주렁주렁 매달고
또다시 중환자실에 누워있네

아픈 머리 싸매고
또다시 누워있네
"머리 아플 때는 자는 게 최고야!"하고
얕은 잠을 청하며 누워있네

이제는 누워있고 싶지 않은
중환자실에 누워 있으며
병원에 오는 것
중환자실에 누워있는 것이 이번이 마지막이기를
바라고 또 바랄 뿐이네

09.09.12

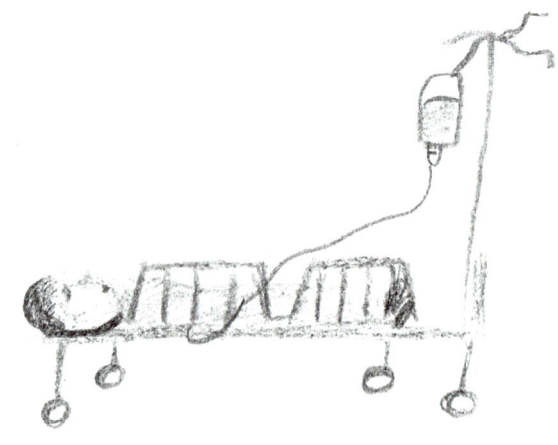

민들레 홀씨

민들레 홀씨 한 송이를 꺾으니
막대 사탕이 된 민들레 홀씨
"조금 있다가 먹어야지"
하고 아껴 두었는데
어느새 바람이 다가와
내 막대 사탕 다 먹어 버렸네

민들레 홀씨 열 송이를 꺾으니
솜사탕이 된 민들레 홀씨
"조금 있다가 먹어야지"
하고 아껴 두었는데
어느새 해님이 다가와
내 솜사탕 다 녹여 버렸네

09.09.15

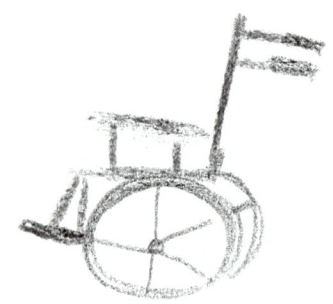

휠체어 타기

"이제 휠체어 타고
돌아다녀 보세요"라는 의사 선생님의 말씀에
오늘부터 휠체어를 타보네

어질~어질
휠체어를 탈 때마다 어지럽지만
조금이나마
몸에 힘을 기르기 위해 휠체어를 타네

욱신욱신
내가 탄 휠체어를 밀기 위해
온종일 아프실 우리 엄마 손목을 생각하면
마음이 아프지만

오늘보다 나을 내일을 생각하며
'내일은 걸을 수 있도록 해 볼 거야'
내 마음속으로 다짐하네

09.09.18

오빠

아픈 나를 보기 위해
병원으로 문병 온 우리 오빠
"괜찮냐? 많이 아파?"
걱정의 말도 건네주고
나의 휠체어도 밀어주며
나와 놀아준
고마운 오빠

"오빠 많이 많이 고마워
우리 오빠 최고!"

09.09.20

다영이의 편지

문병 온 다영이가 내게 준
마음이 담긴 편지

나를 걱정해주는 마음
내가 힘내길 바라는 마음
내가 꼭 돌아오길 바라는 진심 어린 마음 모두 모두가
편지 안에 들어있네

한 번 보고, 두 번 보고
계속 계속 읽게 되네
한 번, 두 번 읽을 때마다
다영이의 편지가
나를 걱정해 주는 사람이 있다는 사실에
정말 행복하고 감사하게 만들어 주네

이렇게 좋은 친구가 있다는 사실에
불끈불끈
힘이 나게 해 주네

09.09.26

시야 고마워

시야
나 오늘 정말 슬프다
길 걷다가
사람들이
내 걸음 보고 낄낄거리며 웃고
흉보는 것보다
친구들이랑 못 어울려서
속상한 것보다
하고 싶은 거 내가 하지는 못하고
다른 친구들이 하는 것만 구경하는 것보다

그래도
어느 누구보다
긍정적이게
힘차고 이쁘게 웃으면서 살겠단
내 인생이
오늘 너무 불쌍해 보여서
너무너무
슬펐어

다른 사람들
내 이야기 들으면
내가 너무 감성적이라고 그러지만
너는 그런 말 안 해줘서
시야! 고마워
재미없는 내 이야기
다른 사람들 들어주지 않는 내 이야기
가슴 속에만 꼭꼭 숨겨둔 내 이야기
가만가만
들어줘서

09.10.19

포기

포기하고 싶다가도
포기할 수가 없어요

포기하려 하다가도
포기가 안 돼요

언제나
내 마음속엔
주님이 계시니까요

09.10.31

좌절 금지

꿈이 있는 사람
웃음이 있는 사람
작은 희망이 있는 사람에게는
좌절은 절대 안 돼요!!

좌절하게 되면
꿈으로,
웃음으로,
작은 희망으로 만든
나의 꽃밭들이
좌절이란 태풍에 의해
썩어 죽게 되잖아요

꿈이 있는 사람
웃음이 있는 사람
작은 희망이 있는 사람에게는
좌절이란 태풍이 불어와도
쓰러지면 안 돼요!!

좌절이라는 태풍이 불어와도
계속 계속 어려움을 딛고 일어나는 오뚝이처럼
좌절과 싸워 이겨야 해요.

꿈이 있는 사람
웃음이 있는 사람
작은 희망이 있는 사람에게는
그래서
좌절하면 절대 안 돼요.
좌절 금지예요.

09.11.02

수도꼭지

누군가 내 눈에
수도꼭지를 틀고서는
안 잠그고 갔어요

줄줄줄...
내 눈에서 눈물이 쉬지 않고 나와요

희망이
절망, 슬픔, 좌절이 되어
눈물로 나와요

어느새
내 책상 위에는
내가 흘린 슬픔으로
흥건해요

00.11.15

고민 상담

한 친구가
내 홈피에 와서
내게 고민 상담을 요청했어요

평소
불평불만들이
정~말
많은 친구였어요

고민 상담을
해줄 자격이 없는 내가
다른 사람의 고민을 들어준다는 게
조금은 부끄러운 일이지만

혹시
도움이 될 수 있을까
온 마음을 다해
고민 상담을 해 주네요

부디
이 친구에게
내 글이
꺼지려다 다시 살아난 희망의 촛불이
되기를 바라보네요

고민 상담을 해준 뒤
내가 누군가에게 도움이 될 수 있다는 사실에
내 얼굴 한가득
웃음꽃이 활짝 피네요

09.11.20

희망의 정원

내 마음에는
희망의 정원이 하나 있어요

내 마음속 희망 정원에는
웃음꽃도 있고요
향긋한 사랑의 꽃, 소망의 꽃, 행복의 꽃들도
한가득 피어있지요

내 마음속 희망 정원에는
아름다운 나무 한 그루도 있어요
노력이라는 비옥한 토양 아래서
사랑이라는 따뜻한 햇볕을 받으며
마침내
달콤한 열매를 맺어내는
그런 아름다운
꿈나무가 있어요

때로는
슬픔과 아픔을 비료 삼아
더 튼튼하게 자라나는
그런 멋진 나무가 있어요

내 마음속 희망 정원에는
시도 있어요
시냇물처럼
졸졸졸, 졸졸졸 흐르며
멈추지 않고

희망을 노래하는
시가 있지요

내 마음속 희망 정원에는
새로움이 있어요
때로는 웃음꽃, 행복의 꽃들이 시들어 버리지만
새로운 꽃들이 피어나기도 하는
그런 새로움이 있어요

그렇기 때문에
내 마음속 희망 정원은
더욱 아름다워 지지요

09.12.12

눈동자

길을 걷다
예쁜 꽃들이 한가득 피어있는
꽃밭을 바라보면

내 눈동자는 어느새
예쁜 꽃들이 잔뜩 피어있는
꽃밭이 되어요
언제나 내 마음속에 담고 싶은
예쁜 꽃밭이 되어요

어쩌다
잘못한 일이 생겨
엄마에게 혼쭐이 나면
서로 마주 앉은 엄마와 내 눈동자는
서로를 비추는 거울이 되어요

그래서
내 눈동자 거울에는
나 때문에 머리에 뿔이 나신
무서운 우리 엄마의 모습이 담겨있고요
우리 엄마 두 눈동자 거울에는
고개를 숙이고 있는 나의 모습이
담겨 있지요

09.12.21

꿈

내 마음속에서
하루하루를 살아갈 수 있는
힘을 주고
희망을 주네

때로는
아픈 시련을 헤쳐나갈
커다란 용기를 주고
웃음을 주고
행복을 주네

아낌없이 주는 나무처럼
우리들 마음속에서 영원히 살아 숨 쉬는 나무
꿈

10.01.14

방

창가로
밤이 검은 얼굴을 들이밀 시간

나는 방에서
책과 도란도란 이야기를 나눈다

10년이 지나도
20년이 지나도 변치 않을 내 친구와
웃음꽃을 피운다

어느새
오늘도 내방을
책과 내가 나눈 이야기로
가득 찬다

10.01.16

바람

미루고 미루던
도서관에 가는 길
바람이 다가와
내 머리카락으로 장난을 치네

수술 자국이 보이도록
머리를 뒤집고
머리카락이 얼굴에 달라붙게 하며
내가 싫어하는
온갖 장난을 다 부리네

나에게로
더 많이 달려오는
바람들의 모습에
나는 종종걸음으로 얼른
집으로 향하네

10.01.29

2만 원

아빠가
술을 덜 드시게 하기 위해
엄마와 내가 만든
2만 원 규칙

어제
아빠가 술을 드시는 바람에
오늘 아침
아빠로부터 2만 원을 받았네

한 달 동안
아빠로부터
얼마를 받게 될지
참 궁금하네

10.02.03

엄마가 늙으면...

오늘 아침
외할머니와 엄마가 가장 좋아하시는
동탯국을 먹었네

동탯국을 맛있게 먹는데
엄마가 내게 물어보네
"유진아, 엄마가 늙으면
엄마한테 동탯국 끓여 줄 거야?"
"해야지" 내가 답하네
"엄마도 막 씻겨 줄 거야?"
"해야지"
"잠자리도 따뜻하게
준비해 줄 거야?"
"해야지"

엄마가 늙으면
그때까지 이 마음
영원히 변하지 않았으면 좋겠어요
그래서 꼭
엄마가 늙으면
내가 엄마를 너무나도 사랑하는 마음
감사하는 마음
온 마음을 다해
효도를 해 드려야겠어요

10.02.04

몰래 공부

늦은 저녁
살금살금 일어나
엄마 몰래, 아빠 몰래
공부를 해요

오늘
학교에서 배운 것
내일 되면
다 까먹을까 봐
요점을 한 글자씩 사각사각
머리에 새기고
공책에 새겨요

엄마 몰래
아빠 몰래
가슴 졸이는 몰래 공부를 해요

10.03.07

모든 사람이
행복해졌으면 좋겠어요

모든 사람이
행복해졌으면 좋겠어요
몸도
마음도 아프지 않았으면 좋겠어요
힘들어하지 않았으면 좋겠어요

모든 사람이
행복해졌으면 좋겠어요
마음이라는 금고 안에
욕심이라는 먼지는 버리고
행복이라는 보석만 가득했으면
좋겠어요

모든 사람이
행복해졌으면 좋겠어요

10.03.08

눈 1

한밤중에 눈이 내린다

오들오들
추위에 떨며 잠을 이루는
땅과 나무들에게
포근한 이불이 되어주려
소복소복 눈이 내린다
조심조심
혹시 잠이 깰라
우리 엄마처럼
조용히 흰 이불을 덮어준다

10.03.16

꿈

꿈은
사진 앨범 같아요
꿈속에서는
보고 싶은 현아, 태경이, 진경이
그리운 나의 건강했던 모습까지
모두 볼 수 있잖아요
그래서 나는 잠자리에 들 때면
'오늘은 누굴 만날까?' 하며
콩닥콩닥
가슴이 설레요

꿈은
타임머신 같아요
미래의 나의 모습도
꿈속에서 볼 수 있고
그래서
꿈을 꾸고 나면
'아 꿈이었구나' 하고
허무한 마음이 느껴져요

꿈은 아마존 정글 같아요
많은 친구를 만날 수 있고
보면 볼수록
새롭고 신비한
아마존 정글 같아요
그래서
꿈속은 항상 흥미진진해요

10.03.30

글 쓰는 것

글을 쓰는 것은
정말 즐거워요

종이 한 장 속에
내가 원하는 세상을
모두 만들어 갈 수
있어서요

글 쓰는 것은
정말 행복해요
별 볼 일 없는 나에게도
어딘가에 몰두할 수 있다는 게
나는 행복해요

글을 쓰는 것은
정말 감사해요
머리 수술을 많이 했지만
생각할 수 있는 힘이 있어서
정말 감사해요

글을 쓰면
나는 즐거워요
글을 쓰면
나는 행복해져요
글을 쓰면
나는 감사해요

그래서
나는
글을 쓰는 것이
정말 정말 좋아요

10.04.03

비 오는 날 1

주룩주룩
어제저녁부터 비가 내린다

매일매일 우는 소리가 들리는
울보쟁이
윗집 아기의 눈물이 비가 되어
하늘에 내리나 보다

10.04.27

난 아직도 사춘기가 끝나지 않았나 봐요

난 아직도
사춘기가 끝나지 않았나 봐요

요즘에는
전보다도 심하게
내가 누군지
나는 어떻게 살아야 하는지
날마다 날마다
새로운 질문들로 나 자신에게
물어보아요

난 아직도
사춘기가 끝나지 않았나 봐요
해결되지 않은 이 수많은 질문 속에 파묻혀
이리저리
방황하고 있으니까요

매일 매일 반복되는
혼란과 방황들...
그런가 봐요
나중에 커서 훌륭한 어른이 되려고
난 아직도
사춘기가 끝나지 않았나 봐요

10.04.28

또 왔어요

삐뽀삐뽀
구급차를 타고
세상에서 가장 싫은 소리를 내며
또 왔어요

오늘도
밤낮없이 바쁜
응급실 안
그 속에 나는
끙끙 앓으며 침대에 누워 있어요

또 왔어요
몸이 아프면 잠만 자는 내게
쿵쾅쿵쾅
수많은 잠이 다 똑같은 꿈을 들고
내게 왔어요
주르륵주르륵 흐르는 눈물은 쉬지 않고
목으로 뺨으로
또 왔어요

10.05.15

가족

"유진아
엄마가 널 아프게 낳아서
정말 미안해"
엄마가 내게 말씀하십니다
"아니야 엄마
맨날 아파서
엄마 힘들게 해서 내가 더 미안해"

구급차에 실려 온
삼성의료원 응급실에서
내가 엄마에게 가슴으로 말합니다

가족은
미안한 마음 같습니다
모든 것이 고맙고 모든 것들이 미안함 투성이인
미안한 마음 같습니다

그래서 나는
내가 아파하는 모습에 우시는
엄마에게 미안하고
나 때문에 더 열심히 돈 버시느라 힘들어하시는
아빠에게 미안하고
엄마 아빠 사랑을 모두
내가 독차지 해 버려서
오빠에게도 미안합니다

10.05.19

"아니야 언능 자"

고정욱 선생님의 '너의 소원을 들어줄게'
라는 책을 읽고
문득 오빠가 생각이 났어요

'오빠 미안해... 나 때문에 많이 외롭고 힘들었지?'
미안한 내 마음을 담아
오빠에게 문자를 보냈어요

"띠리링~"
잠시 뒤 오빠에게서 문자가 왔어요
'뭔소리야'
미안한 내 마음을 담아 보냈는데...
나는 정말 무안해져요

'아니
그냥 어떤 책을 읽었는데 오빠 생각이 나서 보낸 거야'
무안한 마음에 다시 문자를 보내니
"띠리링~"
다시 답장이 와요
"아니야, 언능 자"
오빠의 그 문자 한 통에 내 마음은 따뜻해져요

10.06.05

장마철

장맛비는
철조망 같습니다
장마철이 시작될 때면
나는 항상 비가 만든 철조망에 둘러싸여
꼼짝없이 집에만 있습니다

장맛비는
감옥 같습니다
동화 속에서나 볼 수 있는 어둡고 우울한 감옥처럼
하루에 한 번꼴로 내리는 장맛비가
내 마음도 우울하게 만듭니다

그런데
그런 장맛비가 쉼 없이 내리는 장마철이
오늘부터 시작이라고 합니다
이제 나는
감옥에 갇힌 죄인이 됩니다
쏴아아아-
그동안 알게 모르게 저지른 잘못들
모두 반성하라고 장맛비가 만들어 놓은 감옥 속에서
나는 내 잘못을 되돌아보고, 반성하는
죄인이 됩니다

10.06.14

새싹은
소녀를 찾습니다

한 소녀가
마당 한가운데에 쭈그려 앉아
정성스레 씨앗을 심습니다
소녀는
씨앗을 심고는
토닥토닥
흙을 두드려 줍니다
"따뜻하게 잘 지내다가
몸이 근질근질하면 얼른 나와!"
졸졸졸
주머니에서 흙으로 이사하느라 배고플 씨앗에게
소녀는
물도 적셔줍니다

며칠 뒤
씨앗은 새싹이 되어
땅 밖으로 고개를 빼꼼히~ 내밉니다
'소녀는 어떻게 생겼을까?'
살랑살랑
고개를 두리번거리며
새싹은 바쁘게 소녀를 찾습니다

10.06.18

그림 그리기 2

지금은 체육 시간
나 혼자 덩그러니 남은 교실에서
나는 사각사각 그림을 그려 봅니다

미래에
서울대 국어국문학과 교수가 되어있을
내 모습
방송국에서
하나의 프로그램을 진행하고 있을 내 모습

체육 시간
커다란 교실에
사각사각 나의 꿈들로 가득 채워봅니다

구름 1

병원에 가는 길
파아란 하늘에
몽글몽글 하얀 구름이 참 많습니다

병원에 가는 길
하얀 구름을 한참 동안 바라보니
저기~저 구름 속에는
하늘나라 마을들이 옹기종기 모여
꼭꼭 숨어 있을 것만 같습니다

저기~저 구름 위에는 꼭
귀여운 아기 천사들이
사이좋게 뛰어놀고 있을 것만 같습니다

10.07.26

짐 싸기

병원 가기
하루 전날

엄마와 함께
바퀴 달린 여행 가방에 짐을 싸요
"에휴~"
"하아~"
한숨을 내쉬며 착잡한 마음으로 짐을 싸요

집으로 돌아올 때는
이 가방 안에
병이 다 나았다는 기쁜 소식과 함께
새로운 희망으로만 가득, 가득 채워서 돌아왔으면
좋겠어요

10.08.01

하늘 1

나는
하늘이 참 좋아요
가만히 하늘을 바라보면
두둥실 떠다니는 하얀 구름이
내 마음속에 들어와
나의 아픈 마음을 포근하게 감싸주는 것 같아요

가만히 하늘을 바라보면
하늘이 나에게 자신을 닮은 넓은 마음씨를 가지라고
속삭여줘요
그래서
나는 하늘이 참 좋아요

10.08.05

하늘

나는
하늘이 참 좋아요

가끔
마음이 답답해져서 하늘을 바라보면
하늘은
바람을 불러다
내 마음을 시원하게 뚫어줘요

나는
하늘이 참 좋아요
엄마와 싸우고
토라진 마음으로 하늘을 바라보고 있으면
하늘은
넓고 깊은 마음을 가진 사람이 되라고
내게 이야기해요

10.08.25

잠자리

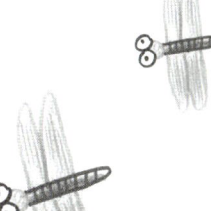

이른 아침
잠자리가
붕붕-
하늘을 날아다녀요

이리 붕~
저리 붕붕~
날아다니면서
하늘을 높게 밀어 올리고,
하늘나라 양 떼들을 열심히 몰고 다녀요

해가 저무는 늦은 오후
잠자리가
붕붕~
날아다녀요

이리 붕~
저리 붕붕~
날아다니면서
하늘을 빨갛게 물들이고
빠알간
단풍나무를 그려내요

잠자리가
사람들 마음속에
가을을 그려내요

10.08.28

가을

드디어
길고 긴 장마가 끝났어요
오랜만에 집 밖으로 나온 나는
두리번두리번
주위를 둘러보아요

못 보던 사이
부쩍 키가 커진 푸른 하늘도
나무 위로 붕-
말린 고추 위로 붕붕-
빨간 물감을 뿌리느라 정신없는
고추잠자리도
빠알간 전단지
노오란 전단지를 뿌려대는 나무들도
모두가
가을 소식을 알리느라
참 바빠 보여요

하늘과 마주 보는 나의 두 눈도
빠알간 단풍잎
노오란 단풍잎을 가득 담아보는
내 마음도
가을을 담기 위해 참 바빠져요

10.09.01

이금희 언니를 본 날

오늘
그렇게 보고 싶었던
아나운서
이금희 언니를 만났습니다

꿈만 같습니다.
하지만 꿈이 아닙니다

오늘
그렇게 보고 싶었던
아나운서
이금희 언니를 만났습니다
꿈을 만났습니다
오늘 나는
내 미래의 모습을 보았습니다

10.09.03

이금희 언니 ♥

나는 책이 참 좋습니다

친구들에게 마음의 상처를 받은 날
위로를 받기 위해 책을 펴들면
"유진아, 우리 손잡고 가자" 하고
어김없이 들려오는
다정한 책의 음성이 나는 참 좋습니다

가족들 외에는
그 어느 누구도 잡아주지 않는
마비된 나의 왼손을
아무렇지 않은 듯 꼬옥~ 잡아주는
다정한 책의 손길도 나는 참 좋습니다

마음이 아픈 날
마음이 너무나 속상한 날
책이 내민 손을 잡고
정신없이 이야기 숲을 걷다 보면
책은 어느새
나를 웃음의 길로 인도해 줍니다
내 마음속에는
커다란 희망과 감사하는 마음을
선물해 줍니다

기쁠 때나, 슬플 때나
언제나 나와 함께 해주는
책
오늘도 나는
책이 내민 손끝에 두 손을 꼭 붙잡고
이야기 숲으로 걸어갑니다

10.09.15

장유진 시인 유고집

그네

그네에
몸을 싣고
가볍게 하늘로 올라가네

내게로 다가온
시원한 바람의 느낌이 참 좋네
나를 바라보는
파아란 하늘의 웃음도 참 좋네

그네를 타고 있으면
꼭
내가 하늘을 닮아가는 것 같네
바람도 닮아가는 것 같네

10.10.13

삭발

오빠가
삭발을 했다
고등학교, 중학교 때에도
선생님께 반항하며 지켜 오던 머리를
그때보다도 더 짧게 밀었다
오빠의 그 반항심이
군대에선 전혀 먹히지 않나보다

빡빡 민 오빠의 모습에
나도 몰래
웃음이 튀어나온다
머리를 밀면서
어떤 느낌이 들었을까?
궁금한 마음도 삐쭉 올라온다

어느 때보다 더 자랑스러운
뒷모습이다

10.10.26

인생을 살아가는 일

인생을 살아가는 일은
꼭
우물 파기 같네

사람 중에는
한 구멍을 계속 파서
우물을 만든 사람이 있고
여러 구멍을 한꺼번에 파서
우물을 하나도 못 만드는 사람도 있네

나는
인생을 살아가며
한 구멍만을 열심히 파서
언젠가는
맛있는 물맛을 볼 것이네
그 물맛을
병든 사람, 아픈 사람, 힘든 사람
모두와 함께
맛볼 것이네

10.11.15

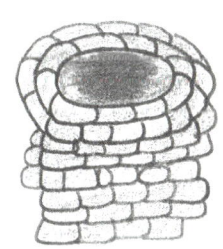

나무의 손길

땅을 쳐다보고
집으로 오다가
어디선가
앙증맞은 손이 쭈뼛쭈뼛 다가와요

부끄러워
빨갛게 물들어 버린 자그마한 손

힘없이 집으로 가던 나에게
토닥토닥
등을 두드려 주고 싶었나 봐요

10.11.20

왜 사나 싶네

추운 겨울날
내 머리 혈관은 매우 위험하네
더운 여름날도
내 머리 혈관은 참 위험하네

나는
먹고 싶은 음식을
체중조절을 위해 먹지 못하네
하고 싶은 일은
내 몸이 따라주지 못하고
책 보는 일조차도
시력이 점점 안 좋아져서 줄여가고 있네
그럴 때면
내가 왜 사나 싶네

나 자신에게 물어보면
콩닥콩닥
내 마음은 항상 이렇게 말하네
'음... 나는
사랑하는 엄마 때문에 살고,
시를 쓰기 위해 살고,
꿈을 이루기 위해 살아'라고 말이네

11.01.06

탁구

아빠와 함께
영화 상영 시간을 기다리며
영화관 복도에서 탁구를 하네

통탕 통탕
앙증맞은 작은 공이 아빠와 나의 사이를 오가니
따뜻한 사랑도 함께 오가는 것 같네

11.02.04

주문

어느 날 갑자기
나도 나 자신을 믿지 못할 때
나도 나 자신이 의심스러울 때
나는 주문을 외워요
"난 할 수 있다!"
"그래, 난 할 수 있어!"

그러면 그 주문은
내가 다시 나 자신을 믿을 수 있도록
만들어줘요
어떠한 일이든 해낼 수 있는
힘을 줘요

11.03.30

장애인

사람들의 시선은
나를 더 장애인으로 만듭니다

사람들의 편견은
나를 꿈이 없는 외톨이로 만듭니다

사람들의 수군거림은
나를 작게 만듭니다
죄인 아닌 죄인으로 만들어 버립니다

하지만
이 모든 것은 나를 강하게 만들어 줍니다
장애인인 나는
사람들의 시선 속에
그냥 몸이 조금 불편한 아이로
그들의 편견 속에서는
꿈이 많은 아이로
사람늘의 수군거림 속에서는
겸손하지만 당당한 사람이 되기 위해 노력합니다

한번은
눈물 나게 아프고
가끔은
마음이 쓰라리고
때로는 웃음이 나올 정도로 행복한
노력을 합니다

11.04.06

다른 사람들이 보는 나는?

가끔 나는
이런 생각이 들곤 한다
다른 사람이 보는 나는 어떨까?

웃음이 많은 아이?
착한 아이?
시 쓰는 아이?
장애인?
몸이 조금 불편한 아이?
소심한 아이?

가끔 나는
나를 보는 다른 사람이 되고 싶다
나도 모르는
다른 사람만이 아는 나에 대한 생각이
너무너무 궁금하다
'과연 저 사람은 나를 어떻게 생각할까?'

11.04.20

시

나는 내가 시를 참 못 쓰는 것 같네
사람들은 나를 보면
"네가 그렇게 시를 잘 쓰는 아이니?"
하나같이 그렇게 말하지만
나는
내가 시를 참 못 쓰는 것 같네

하지만
지금 이 순간에도
시만을 생각하고 있는 건
내 꿈을 포기하고 싶지 않기 때문

시를 잘 쓰지는 못하지만
연필을 놓지 않는 건
시가 나의 인생이기 때문

그래서 나는 오늘도
연필을 들고
꿈을 써나가네
종이 위에
내 인생을 써나가네

11.05.12

좌절

가끔은
다른 사람과 나 자신이 비교돼서
좌절을 하고

어쩔 땐
성적이 잘 나오지 않아
좌절을 하고

한 번은
나 자신을 믿지 못해
좌절을 했네

하지만
그 눈물은
또다시 할 수 있다고
내게 말하네
그 후회는
쳐진 내 어깨를 다독여 주네

가끔은
무서운 암흑 속에서
펑펑 울고 싶지만
그 속에서 보인 한 줄기 빛을 따라가려
나는 언제나 노력하네

한 줄기 빛을 따라가는 암흑 속에서
어떤 장애물을 만날지
나는 여전히 무섭기만 하지만
그 빛을 믿고서
나는 오늘도
한 발 한 발 나아가네

11.05.19

날개

나는
하늘을 날고 싶다
나도 저 새들처럼
하늘을 훨훨 날아다니고 싶다
나도 저 새들처럼
날개가 있었으면 좋겠다

교회 갈 때도
절뚝거리는 다리를 대신할
튼튼한 날개
우울하고
마음이 답답할 때
하늘을 날아다니며
내 마음도 하늘처럼 넓게 만들어줄
멋진 날개

내가 날 수 있다면
내게 날개가 있다면
참 좋겠다

11.05.26

엄마랑 싸우고 난 뒤

엄마랑 싸우고 나니
무더운 여름날
선풍기 한 대도 틀어놓지 않은 우리 집이
서늘해지네

엄마랑 싸우고 나니
확성기를 댄 것처럼 우렁차던 내 목소리가
모기 목소리처럼 작아지네

그러나
엄마랑 싸워도 변함이 없는 건
서로를 사랑하고 걱정하는 마음
"엄마, 약 먹었어?"
"유진아, 학교 갔다 와서 꼭 낮잠 자"
걱정어린 한 마디에
미안한 마음
사랑하는 마음이 모두 들통났네

11.06.13

달 1

잠이 오지 않는 밤
까만 하늘에 달이 떠 있습니다
친구 하나 없이
외로이 홀로 떠 있는 달이
자꾸만 내 얼굴을 바라봅니다

어두컴컴한 내 방을 훤히 밝히는 달이
자꾸만 나에게
무어라 속삭이는 것 같습니다

11.07.13

달 2

외로운 달이
오늘 밤도 하늘을 밝힙니다
예전엔
수많은 친구와 함께 비추던 까만 하늘을
이제는 달 혼자서
친구들 몫까지
환하게
더 환하게
외로이 하늘을 밝힙니다

11.07.15

당신의 사랑에 보답해야 할 때

푸르른 옷을 입고
깨끗한 미소를 머금고
언제나 똑같은 자리에 서서 우리를 지켜보고 있는 당신

깨끗한 미소를 지닌 당신은
언제나 우리를 품에 안아주고
병든 마음을 치료해 주지요

당신은
언제나 우리에게 많은 것을 가르쳐 주지요

넓은 가슴을 지닌 당신은
우리에게 묻은 더러움을 안아주고
욕심이란 마음의 병을 치료하느라
시름시름 앓아가고 있지요
한없이 넓던 가슴이 찢어지고
상처가 났지요

이제 우리는 당신을 잃고서야
당신이 우리에게 준 많은 사랑을 알아가지요
우리의 병든 마음을 치료해 주던
당신의 사랑
힘들고 지칠 때 넓은 가슴으로 안아주던
당신의 사랑
자연이란 신비로움을 가르쳐 주던
당신의 사랑

이제는 우리가
당신의 사랑에 보답해야 할 때가
온 것이겠지요

11.07.20

별

달은
참 외로워 보여요
그래서 달을 보면
내 마음도 덩달아 외롭게 훤히 빛나나 봐요

내가 만약
죽어서 하늘에 가면
별이 되고 싶어요
달이 외롭지 않도록
곁에서 하늘을 함께 비추는
반짝반짝
별이 되고 싶어요

11.08.05

그런 소리 하지 마

"포기하고 싶어"
그런 소리 하지 마
포기라는 말을 하는 순간
너는 바보가 되는 거야

나 자신을 불평하는
그런 소리 하지 마
아직 너는 너 자신을 모르는 것뿐이야
긍정의 돋보기로
너 자신을 크게 들여다봐

죽고 싶단 소리 하지 마
하루를 살아도
지금 당장 죽는다고 해도
후회하지 않을
그런 삶을 살아봐

11.08.23

시 쓰기

마음이 아프고
마음이 복잡할 때
나는 시를 씁니다

글을 쓰면
또박또박 가지런한 글자처럼
무섭게 일렁이던 내 마음속 호수가
잔잔하게 변합니다

사각사각
연필의 노랫소리가
아기 같이 칭얼거리며 울던 내 마음을
새근새근 잠재웁니다

지금 나는
호수에 비친 웃는 내 얼굴을
볼 수 있습니다
내 마음은 지금
새근새근 잠든 아기의 고운 숨소리처럼
참 편안합니다

11.08.31

그네 타는 법

혹시
그네를 잘 타는 법을 아세요?
제가 그네를 잘 타는 법을
가르쳐 드릴게요

그네는요
하늘을 보며 타야 해요
땅을 보고 타면 떨어질까 무섭지만
멀리 있는 하늘을 보고타면
하늘이 넓은 마음으로
나를 받아 주거든요

그네는요
추억을 떠올리며 타야 해요
하늘을 보고
추억을 떠올리면
정말 시간 가는 줄을 몰라요

이제 아셨죠?
그네는 이렇게 타는 거예요
그네는
내 마음에 묻어둔 추억을
하늘에게 털어놓는
하늘의 의자에요

11.09.06

내 방

내가 너무너무 좋아하는
내 방
글을 쓸 때는 집필실이 되고
책을 볼 때는 독서실이 되고
마음이 슬플 때는
내 마음속에 귀를 기울여 보는
위로의 공간이 되네

내가 너무너무 좋아하는
나만의 공간
내가 좋아하는 글귀들이 붙어있고
커다란 나의 꿈을 펼칠 수 있는
작지만 커다란 내방

11.09.09

하늘색 자전거

몇 달째
우리 집 베란다 한편에 놓인
하늘색 자전거
한 번도 타 본 적이 없어서
새것처럼 반짝반짝 윤이 나는
하늘색 자전거

어제 내 꿈속에서
하늘색 자전거를 타고서
쌩쌩 공원을 달렸네

베란다에 놓인 자전거도
꿈속에서 즐거웠을까?
오늘따라 햇빛에 반짝반짝 웃고 있네

11.11.07

왼손

만들기를 하는데
왼손은 자꾸만 오른손을 부려 먹네
뽀얗고 통통한 나의 왼손은
자기가 공주인지 아나 보네

만들기를 할 때도
세수를 할 때도
옷을 입을 때도
꿈쩍하나 하지 않는 나의 왼손
움직일 것 같으면서도 말을 듣지 않는
얄미운 내 왼손

11.12.16

꿈

나는 왜 항상 이 모양일까
다 포기하고 싶을 때
나 지치고 힘들 때
나를 일으켜 준 건 바로 나의 꿈이야

눈앞이 다 캄캄해
이젠 어쩌면 좋을까?
대체 난 뭘 찾고 있었을까?
길을 잃고 이리저리 헤맬 때
빛이 되어준 건 바로 나의 꿈이야

살면서 누구나 한 번쯤은 시련이 오지
무섭고 두렵지만 이제 나는 알아
그 모두가 하나의 과정뿐이라는 걸
칠흑 같은 어둠 속에서도
꿈이 있는 나는
충분히 헤쳐나갈 수 있다는 걸

시련이 있고
눈물이 있고
그것들을 헤쳐나갈 꿈도 있기에
지금의 내가 있어

포기하고 싶을 때
힘들 때마다
꿈이 내게 말 해
이제는
내가 내게 말을 해
'나는 나를 믿어'

12.01.13

개나리 밥

엄마가 해 주신
따끈따끈한 아침밥
든든하게 챙겨 먹는 건강한 밥에는
개나리가 한가득 피어 있어요

노오란 콩나물 머리는
활짝 핀 개나리꽃
푸르른 돌나물은
파릇파릇한 이파리
보랏빛 양파는 조그마한 제비꽃이 되어요
동글동글 보리밥은 부드러운 흙이 되지요

엄마가 해 주신
따끈따끈한 아침밥
최고로 맛있는 엄마의 밥에는
엄마의 사랑도 한가득
봄도 한가득 들어 있어요

봄을 한 숟가락 떠서
입에 넣으면
어느새 내 입에선 함박꽃이 피어요

12.01.24

절실함

'간절히 원하면 이루어진다'라는
말이 있습니다

오늘
모두가 끝났다고 돌아서
포기하던 그 순간에
노래를 부르던 소녀를 보았습니다
절실히 가수가 되기를 원하는
그 소녀의 간절함이
결국
사람들의 마음을 움직였습니다

나는
소망하는 것이 참 많습니다
어서 빨리 병이 낫고 싶고
우리 가족 모두가 건강하고 행복했으면 좋겠고
내 꿈도 꼭 이루고 싶습니다

나에게는
그런 간절함이 있을까요?
지금 이 순간은
그 어느 때보다
진실로 간절하게 시를 써 봅니다

12.02.05

더 큰 별을 찾으러 갑니다

★
중학교 졸업식 때 읽은 시

어서 빨리
어른이 되고 싶었던 우리들
벌써
고등학생이 됩니다
이별의 시간 다가오나
그땐 몰랐던
행복한 기억들이 주마등처럼 지나갑니다
처음 입학하던 날
떨리던 시험 시간
현장 학습을 가던 날...
3년간의 수많은 추억이 모여
내 마음속 별이 되었습니다.

오늘 우리는
초지중학교에서 하나의 별을 새기고
더 큰 곳으로
더 큰 별을 찾으러 갑니다.
이 별들은
훗날 우리에게 어두움이 찾아왔을 때
길을 비춰주는
등불이 되어 줄 것입니다

우리는 두렵지만 떨지 않겠습니다
슬프지만 웃겠습니다

훗날
세상을 비추는 큰 별이 되기 위해
더 큰 별을 찾으러 갑니다

사랑하는 친구야
우리 큰 별 찾아서 만나자
사랑하는 선생님
꼭 큰 별이 되어서 찾아오겠습니다

12.02.14

눈물

울적한 마음에
울고 싶을 때
내 마음에 가득 찼던 즐거운 기억들이
도망가고
마음속 깊이 숨어있던 기억들이
모두 눈물방울이 된다

30분이 지나고
한 시간이 흘러도
그치지 않는 나의 아픔들

늘 웃는 얼굴로만 지내다가도
가끔은
슬픔을 휴지로 닦아내는 것도
참 좋은 것 같다

오늘은 내 무거운 마음들이 흘러
내 두 눈을 빨갛게 물들였지만
내일은 비워버린 마음으로
환하게 웃을 수 있을 것 같다

12.04.18.

머리 혹

★ 뇌 수술로 인하여
두개골이 없는 머리에 혹처럼 튀어나온 부분

걷다 보면
누군가 쳐다보고 있을 것 같은
내 머리 혹

불끈불끈
내 머리 혹이 예민하게 반응하네

자꾸만 신경이 쓰이는
머리 혹
얼른 떼어내고 싶네

12.04.19

병 1

벌써
내가 아픈지
10년이 다 되어가네
나와 함께
동고동락한 지 10년이 다 되었네

가끔은 함께 있어 감사하고
때로는 나에게
아픔을 주는 병
이제는
아픔 주지 않는
좋은 친구가 되었으면
좋겠네

12.05.20

체육대회

엄마가 못 가게 하는 체육대회
간신히 엄마를 설득해
학교에 가네

그래!!
이거야
친구들과 사진 찍으며
추억을 남기는 것
나는 이게 하고 싶었네

정말 못 갈 줄 알았던
체육대회
하지만 오늘은 나도
사진 속에서
환히 웃고 있네

12.05.25

시

하루 온종일
욕심을 부리며 살다가도
시를 쓰면
시가 나에게
모든 답을 알려줘요
바른길을 알면서도
등을 돌려 서 있는 내 모습
바로 잡아줘요

기분 안 좋은 일로
우울하게 있다가도
시가 나를
위로해 줘요
나쁜 기억 다 버리고
넓고 깨끗한 마음에
좋은 기억만 가지라고
내게 말 해줘요

시가 있어서
오늘도 나는 희망을 꿈꿔요
병이 나은 내 모습
꿈을 이룬 나
행복한 우리 가족
시는 지칠 줄 모르고
나를 꿋꿋게 만들어줘요

12.06.03

기도

어머니
저는 어머니가
병에 걸리지 않길 바랍니다
몸은 아파도
마음만은 건강하기를 바랍니다

암흑 속에서 환히 비치는
한 줄기 빛
그 빛을 보는 눈이 멀지 않기를 바랍니다

어머니
저는 어머니가
아프지 않기를 바랍니다
내가 아플 때
걱정하시고 아파하시던 마음
그 마음을 저도 배워갑니다

이 아픈 몸이
어머니를 도울 수 없어
저는 늘 미안한 마음뿐입니다
당신을 생각하는 마음뿐입니다
화수분 같은 이 마음 모아
두 손을 꼭 잡고
두 눈을 감습니다

12.06.06

친구

혼자라고 느꼈는데
내 곁에 친구가 있었어요

애교 많은 귀염둥이 소리
친절하고 상냥한 지연이…
내 곁에 있는
좋은 친구들 덕분에
내 마음속 감동이 너울거려요

슬펐던 어제
힘들었던 오늘
하나님께서 보내주신
수많은 사람 덕분에
나는 힘이 나요

12.06.15

하늘

나는 하늘이 참 좋다
푸르른 그 얼굴이 참 좋다

하늘과 나는
닮은 점이 많다
저녁이 되면 눈을 감고 생각에 잠기는 모습이
꼭 나와 닮았다
힘든 마음은
눈물로 쏟아붓는
울보쟁이 모습도 나와 닮았다

나는 마음 넓은 하늘이 참 좋다
넓은 마음으로
별들의 친구가 되고
산의 친구가 되고
바다의 친구가 되는 하늘
나도
그런 하늘 같은 사람이
되고 싶다

12.06.30

장마

오늘같이 외로운 날
오늘같이 슬퍼서
울고 싶은 날
가슴 속에 꼭꼭 묻어놓은 마음들
하늘은 다 알고 있었나 보다

시커먼 내 마음
짙은 내 슬픔을
가슴에 안고 있다
주르륵
하늘이 굵은 눈물들을 흘리고 있다

내가 슬플 때
누가 나를 위로할까
내가 울고 있을 때
누가 나와 슬퍼해 줄까
모든 것이 버거워 힘이 들 때
하늘은 내 마음 알고 있었는지

투닥투닥
굵은 눈물들을 흘린다
투두닥 투두닥

12.07.04

바람의 마음

지친 날
내 맘을 아는지
창가 사이로 다가온 바람이
나를 위로해 주네
살랑살랑
내 머리를 쓸어내리는 부드러운 손길이
내 마음도 함께 어루만져 주네

바람이 다가와
내게로 내민
연한 풀 내음
어딘가에 있을 풀잎도
나를 위로하여 주네

힘든 날
포기하고 싶고
혼자같이 느껴지는 날
나를 안아주는 바람과
내게로 스며든
풀잎
외로웠던 내 마음에
친구가 되어주네

12.07.22

고통 아픔 슬픔

힘이 들수록
열심히
눈물 날수록
열심히
포기하고 싶을수록
열심히

고통은 아픔은 슬픔은
나를 더 열심히 크게 합니다

12.07.25

매미

뜨거운 태양처럼
자신의 열정을 불태우는 매미
자신의 한 철 인생을
미리 알고 있던 것일까?
지금이 아니면 안 될 것처럼 혼신을 다하다
가을엔 침묵을 지키는 매미
그 침묵 또한
매미의 열정이고 노래일 것이네

12.07.30

친구

내 주위엔 아무도 없어
혼자라고 느낄 때
눈을 뜨기 무서워
눈을 감고만 있을 때

그런 나에게 먼저 다가와
어깨를 잡아 준 친구
난 혼자가 아니었음을
느끼게 해 주었습니다

눈을 뜨고 보니
내 마음속에 밝은 빛이 들어옵니다

12.08.09

좋아하는 마음

열여덟 살 내 마음에도
좋아하는 사람의 얼굴이
담겼다
이런 거구나
아, 이런 마음이구나

가슴도 두근두근
입도 두근두근해
말도 못 꺼내는 것
자꾸만 설레는 마음
왠지 모르게
나를 웃게 하는 마음

12.08.30

돛단배

내 몸은
내 마음은 지금 어딜 가고 있나

종잇장 같은 내 귀는
갈매기가 들려주는 이야기에
펄럭펄럭
건넛마을에서 바람이 가져온
세상 이야기에 펄럭펄럭
자꾸만 흔들리지만

넘실거리는 너울
물결에 맡긴
내 마음 내 몸은
어디로 향해 가고 있는가?

물결에 맡겨
하늘에 맡겨 내 몸 내 맘
넘실넘실 가다 보면
웃으면서 가다 보면
언젠가
내 꿈의 선착장에
닿아있겠지?

12.09.03

상처

종이에 베인 상처
넘어져 생긴 상처
찔려서 생긴 상처
그만
약 바르는 것을 잊어버렸더니
흉터가 되어버렸네

이젠 지울 수 없는
흉터로 남아버린 내 상처들
이제 상처도
내 마음의 일부
내 몸의 일부가 되어버렸네

12.09.07

나무의 사랑

나무는
바람을 사랑하나 봐
바람이 지나가면
빠알간 손을 흔드니까
매정한 임
뒤도 돌아보지 않고 떠나가시면
떨군 손
눈물이 되니까
사스락 사각
숨죽여 우니까

12.09.30

이슬

잔디밭 풀 위에
이슬이 맺혀있네

이 이슬은
밤을 비추는
달님의 땀방울일까?
밤새도록 슬피 운
귀뚜라미의 눈물일까?

밝아오는 아침 햇살에
반짝반짝 빛나네

12.10.07

날개

우리 집 하천에
매일 놀러 오는 저 새의 날개
내게도 달려있다면
참 좋겠다

불편한 팔다리 대신
자유로운 날개로
답답한 내 마음
바람에게 주고
자유로운 날개로
파아란 하늘 높이
잠자리와 놀고
새와 놀고 싶다

답답한 내 마음에
날개 달아
훨훨 날려 보내고 싶다

12.10.09

탕수육

학교 급식 시간에
탕수육이 나왔네
한 사람당 일곱 개씩 주는 탕수육
예전 같으면
소리와 소희에게 주었을 탕수육
나 두 개 먹고
모두 버려버렸네

이제는 날 따돌리고
저들끼리만 모여서 먹는
미운 소리 두 개 버리고
나와 먹다
결국 소리에게 가버린
미운 소희 두 개 버리고
미운 마음 자꾸 드는
내 마음도 한 개 버렸네

남은 국물 찌꺼기와
버려신 탕수육 보아도
아깝지 않네

12.10.10

노래

새로운 하루가 시작되는 아침
여명이 밝아오는 시간
새들과 함께 부르는
나의 노래
내 하루의 노래

작은 내 노트 안에
노래가 시작하면
따뜻한 방 안에서 자고 있는
희망도
용기도
기쁨도
눈을 비비며 일어나네

12.10.23

종이

글을 써 내려 가는
나의 종이 한 장
이 안에
나의 희망이 들어있고
꿈이 들어있고
삶이 들어있네

글을 써 내려 가는
나의 종이 한 장
'오늘은 무얼 쓸까?'
두근거리는 내 설렘이 들어있네

12.10.25

웃어야지

그 많은 아픔
이제는 다 털어냈나?
어제는 온종일 울기만 하더니
오늘 아침은
방긋방긋 환히 웃고 있네

그래
오늘은 어제와 다른
새로운 날
그래 웃어야지
새로운 일요일 아침
어제의 아픔 털어내고
새로운 희망으로 웃어야지

12.10.28

오늘같이 기분 좋은 날

쨍쨍
해님도 웃고
파란 하늘도 웃고
새들도 웃는
오늘같이 기분 좋은 날

울 엄마 얼굴 가득한 그늘에
해님이 앉아
그 그늘 다 지워주었으면 좋겠네

집으로 오시는 길
까르르 웃는 새들과 함께
많이 웃으셨으면 좋겠네

12.11.04

안 미안해

울 엄마와 나는
"미안해"라는 말을
"안 미안해"라고 해요

이른 아침
나를 두고 일 가시는 엄마
나를 향해
"안 미안해"라고 말씀하시지만
엄마의 눈은
"미안해"라고 말하고 있어요

이른 아침
일 가시는 엄마를 향해
나도 하는 그 말
"안 미안해"

엄마의 두 눈에도
엄마의 두 귀에도
나 때문에
맘 편히 못 가시는 엄마에 대한 내 마음
"미안해"라고
들리셨겠지요

12.11.09

희망

새들은 알고 있었나 봐요
희망이 어디에 있는지
그래서
매일매일 즐겁게
노래 부르나 봐요

나무도 희망을 알고 있나 봐요
점점점 떨어지는 나무들
멋지게 찾아오라고
울지 않고
산들산들 손 흔들어 줘요

오늘 아침
시를 쓰며 알게 된
희망

12.11.10

단풍잎 별

이른 아침
아파트 화단 나무 아래
수많은 별이 떨어져 있다
어젯밤
하늘에 빈 수많은 사람의 소원
다 이루어졌나?

추위 속에 간절한 마음으로 모은
두 손들
깊은 밤하늘 아래 내려와
추위에 떠는 나무의 이불이 되어주느라
빨갛게 노랗게 익어 버렸네

12.11.20

하늘

창가로
하늘을 가만히 바라본다
하늘도 나를 바라보고 있다

맑은 하늘의 얼굴
바라보고 있으니
빙그레
하늘이 보드라운 웃음을
짓는다

12.12.01

어둠

칠흑 같은 어둠이 걷히고
아침이 찾아왔습니다

겁 많은 나는
좌절이 무섭고
슬픔이 무섭지만
아아

저녁이 있어야 아침이 오는 것을
이제 나는 알 것 같습니다

13.01.10

노

똑딱똑딱
시간이 노를 저으며 흘러가네
똑딱똑딱 노를 젓노라면
잔잔한 바다는
출렁이며 웃음 짓네

똑딱똑딱
오늘도 시간이 노를 저어가네
바다 몸짓 따라 부드럽게
앞으로 나아가네

똑딱똑딱
시간은 끝없이 노를 저어가네
어떤 날은 순항 길
어느 날은 난항 길을...
어느 순간에도 노를 놓지 않고
똑딱똑딱 앞으로 서이기네
넓은 바다 따라 쉼 없이 흘러가네

13.01.11

수도꼭지

그 사람이 너무 밉다
그 사람이 너무 싫다
그 미움이
그 싫음이
수도꼭지처럼 흐른다
내 마음에
더 이상 담을 수 없을 만큼
미움이 넘쳐흐른다
싫음이 뚝뚝 바닥을 적신다

내 맘속에 몰래 와
그 사람이 틀고 간
내 마음속 수도꼭지
기쁨만 사랑만 흐르던 수도꼭지가
이제는 미움만 싫음만 쏟아내어요
내 맘속에 몰래 와
그 사람이 틀고 간 내 마음속 수도꼭지
오랜 시간이 지나도
잠글 수 없을 것 같다

13.01.27

왼손을 잡아주던 그 손길들

내 손을 잡고
안타까운 눈물을 흘리시던
엄마
나의 주치의 선생님이셨던
신형진 교수님
소아 작업 치료를 받을 때마다
서러움에 북받쳐 울던 나에게
퇴원하던 날 거울을 선물해 주신
최지선 선생님
나를 위해 늘 기도해 주시는
정율 스님
나 보면 가슴 아파하시는
우리 외할머니
얼굴도 마음도 고우신
초등학교 3학년 담임
김소미 선생님
늘 나에게 힘이 되는 말씀을 해 주시던
김희명 선생님
처음으로 내 손을 잡아줬던 친구
보고 싶은 진경이와 혜미, 예솔이
중학교 1학년 때 늘 나의 곁에 든든한 친구 되어준
은진이
중학교 1학년 담임 장희연 선생님
잊을 수 없는 중학교 3학년 담임 김인교 선생님
마음이 비단결 같은 친구 지호
마음도 모습도 멋진 친구 선옥이
따뜻한 마음을 지닌
예지

엄마 같으신
조미현 미술 선생님
현은희 선생님,
엄미경 선생님,
남현우 선생님...
많은 복지관 선생님들
서울신문 기자
신융아 언니
마음수련 하나 언니...

나의 마음
나의 왼손을 잡아주던 그 손길
잊지 않고 기억하고 있습니다
마비된 나의 왼손을 꼭 잡아주던
그 손길...

징그럽다고 하며
누구도 잡아주려 하지 않던
차가운 왼손 안에
느껴지던 따뜻한 손길이
지금도 내 마음에 느껴집니다

따뜻했던 그 손길
내 마음의 온기 되어
많은 시련 이기며
좌절하지 않고 살아갈 수 있는
나의 힘과 꿈이 됩니다

13.01.30

응원

나 혼자라고 느꼈었는데
고개를 들고
눈을 뜨니
소리 없이 나를 응원하는 사람들이
주위에 있었습니다

고개를 드세요
눈을 뜨세요
당신의 곁에도 분명
당신을 응원하는 사람들이 있을 것입니다
나 또한
소리 없이 당신을 응원하는
한 사람입니다

13.01.31

사랑꽃

내 맘속에
나를 사랑하는
씨앗을 심었네

그 마음 비를 맞고
햇살을 받으며
사람들을 행복하게 하는
향긋한 사랑 꽃이 되있네

13.02.23

너의 꽃잎은 새들의 날개보다 아름다워

생일 선물

예쁜 액자가 필요하고
예쁜 손거울이 있었으면 좋겠고
보고 싶은 책들도 많지만
내 생일날
꼭 받고 싶은 선물은
하나님이 주시는 '건강'이네

벌써 수년째
간절히 가지고 싶고
받고 싶은 건강 선물

지난밤 간절한 내 기도
하나님
들으셨을까?
생일날
내 안에 오셔서
건강을 선물해 주셨으면 좋겠네

13.03.06

희망

어둠 속 유일한
작은 희망
작은 빛
나는 깨트리지 않으리

온통
어두움뿐이지만
내 작은 빛
그 어두움 깨뜨리는
큰 빛 되리

밤하늘 빛나는 별처럼
어둠이 있어
더욱 아름다운 별처럼
내 빛
언제까지나 예쁘게 빛나리

13.03.07

하늘

하늘은
비가 오는 날도
모두가 일하고 없는
나른한 오후에도
심심하지 않겠다

비가 오는 날
하늘에서 보면 우산은
알록달록 움직이는
예쁜 그림이 될 테니까

저녁 반찬거리를 사러
바삐 시장에 가시는 옆집 아줌마
눈길 따라가다 보면
무도 담고 사과도 담고 반찬거리 담은
무거운 장바구니 들어 드리고 싶어서
넓은 마음으로
끙끙 앓기도 할 테니까

오늘
저 멀리 부산으로 일하러 가신
울 아빠 보다가
피곤한 몸 이끌고 집에 가는
학생들을 보다가
'아흔'이란 나이에도 밭을 매시는
울 외할머니를 보다 보면
어느새 저물어가는
짧은 하루
너무도 아쉽게 느껴지겠다

13.03.08

비오는 소리

퉁퉁 통통
퉁퉁 통통
모두가 잠든 밤
온 세상에 비가 내려오네

퉁퉁 통통
창가 앞 창살에 내려앉은 빗방울이
고요한 이 밤을
아름다운 자장가로 가득 채우네

13.03.17

바람

온종일
집 안에만 갇혀있는 오늘
나는 창밖에서 불어오는
바람이 되고 싶네

바람 되어
주말 없이 공부하는 내 친구들
따라가고 싶고
나비와 친구 되어
달리기 시합도 하고 싶고
아이들 없는 텅 빈 놀이터
쓸쓸한 그네를 밀어 보고도 싶네

온종일
집 안에만 갇혀 있는 오늘
나는 창밖에서 불어오는
바람이 되고 싶네
욕심 없이 구경하고 자유로운
바람이 되고 싶네

13.04.07

감사

감사하는 마음을 알고 나니
내 삶 속에 또 다른 삶이
보입니다

13.04.25

공기

어제는
추적추적
그리 슬피도 울더니

아픔
슬픔
외로움
다 토해냈는지
공기가 참 상쾌하네

13.04.30

맑은 날

날씨가 참 맑은 날
해님이 내 맘에도
비춰 들어와
환하게 만드는 그런 날

민들레 홀씨처럼
내 맘도 바람처럼
훨훨 여행을 가고 싶다

바람과 손잡고
바다 노래 들으러 가고 싶고
파란 하늘에 사는 새하얀 양 나들이 간 곳에
함께 가고 싶다

날씨가 참 맑은 날
즐거운 상상 하며
해님과 마주 보며 함께 웃었네

13.05.19

어쩌다

어쩔 땐
내 마음속에
부정적인 마음만 가득 차는
그런 날이 있다

어쩌다 그런 날이 오면
내 뜻대로 움직이지 않는 몸
하고 싶은 것 하지 못하는 나 자신이
싫어만 진다

내 뜻대로 되는 것 하나 없는
내 인생
그냥...
어쩌다 울고만 싶어질 때가 있다

13.05.30

걱정

하나
걱정을 해결하면
둘
또다시 걱정이 생겨나고 만다

셋
넷
다섯
여섯...
끊임없이 생겨나는
나의 걱정

13.06.28

답답해

집에만 있었더니
너무 답답하다

창문을 열어
바람이 놀러 와도
매미 소리 들려와도

나는
자유로이 떠도는 바람이
자유로이 노래하는 매미가 될 수 없어
마음이 참 답답하다

13.07.30

가을비

매미 소리가
이젠 잘 들리지 않는다
뜨거운 여름과 함께
불태운 열정
이제 다 노래 불렀나?

추적추적 이른 아침 비가 내려온다
여름 따라 떠나가다
더 노래 부르고 싶어 흘리는
매미의 눈물인가?

매미가 떠나며 흘리는 가을비가
추적추적
새롭게 가을의 시작을 알린다

13.08.29

설레는 마음

바람에 흔들리는
나뭇잎처럼
자꾸만 설레는 마음

오늘은
떠나는 날이다
맴돌고 있는 나의 생활 속에서
다른 하루를 말할 수 있는
그런 날이다

그 일 하나에도
바람에 춤추는 꽃잎처럼
자꾸만 설레는 날이다

13.08.31

보름달

추석날
보름달에 기도하기 위해
하늘을 보니
웬걸 달이 보이지 않네

매일매일 기도한 내 소원
달이 미리 알고
그 소원 전하러 일찍 가버렸나 보다

13.09.23

가을

가을이 왔다
몹시 차가워진 바람이
텅 빈 내 마음속에 들어와
가득 메웠다

차가운 바람이 일자
바스락바스락 가슴이 뛰는 게
내 마음에도
가을이 왔나 보다

13.09.25

시간

시간은 하염없이 가는데
가끔은
나의 시간만
멈춰 있다는 생각이 들고는 한다

왜 이러지?
왜 그러지?
나에게 물어보지만
시간에게도 물어보지만
시간은 말없이
흘러갈 뿐이다

13.10.13

Wishes Come True

★
희소병 환자들의 모임인
'메이크어위시' 합창단의 타이틀곡 가사로 작성한 시

파란 하늘너머에 하얀 구름 사이로
스쳐 지나가는 바람 오늘 이렇게 그대와 함께하고 싶은 그런 날
그대 들리나요
아름다운 노래 말하고 싶은 이야기
그대 느끼나요
아름다운 세상 그 소중함을 함께 만들어요

까만 밤 하늘 속에 밝게 빛나는 별들
그대 마음에 가득히 오늘 이렇게 따뜻한 바람 불어오는 그런 날
그대 보이나요
아름다운 꿈이 일곱 빛깔의 무지개
그대 느끼나요
우리들의 희망 그 소중함을 함께 만들어요

13.10.15

하늘

하늘이 참 예쁘다
조금 춥지만
바람과 하늘과
그네타기 참 좋은 날이다

하늘이 참 예쁘다
하늘이 말끔하게 세수를 했다
하늘 속 해님이 밝게 웃는다
하늘의 품에 안겨 노니는 새들도
까르르 웃는다
예쁜 가을 하늘을 보니
내 마음도 하늘처럼 웃음 짓게 된다

13.11.06

벌

가끔은
이런 생각도 든다
'내가 벌을 받았나?'라고...

어렸을 때
친구를 많이 놀려서
거짓말을 많이 해서
너무 개구져서
이렇게 몸이 아파
하고 싶은 것 하나 못하게
벌을 받았나? 하고 말이다

가끔은
그런 생각이 들 때면
벌을 받은 듯
내 마음이 슬퍼진다
막 울고만 싶어진다

13.11.07

날개

나도
새처럼 날개가 있었으면
참 좋겠다

새처럼 훨훨
바람과 훨훨
자유로이 하늘을 날고 싶다
여행을 떠나고 싶다

날다가 힘이 들면
나뭇가지 나뭇잎 사이로 들어가 쉬었다가
심심하면
꽃밭에 들어가 꽃내음 맡았다가
하늘을 동반자 삼아
구름과 바람과 친구 되어
훨훨 날아가고 싶다
어디론가 훨훨 떠나가고 싶다

13.11.08

난관

모든 일에는
저마다의 난관이 있지만
나의 장애는
그 난관을 좀 더 어렵게 만든다

그리고 내 장애는
그 난관을 넘을 수 있는
꿈과 노력과
강한 마음을 나에게 준다

14.01.14

감사일기

머리가 아프지만
이 머릿속에 시가 가득 흐르게 해 주셔서
감사합니다

심장병이 있지만
하나님께서 따뜻이 뛰게 해 주셔서
감사합니다

눈이 잘 보이지 않지만
하루하루 감사를 보고
감사를 알게 해 주셔서 감사합니다

걸음이 예쁘지 않지만
두 다리로 걷게 해주셔서 감사하고
피부도 아프지만
못난 얼굴 또한 하나님 사랑해 주셔서
감사합니다

이 기도는
오늘
아니 내일도 모레도 늘 감사할
하늘에 드리는 나의 감사 일기입니다

14.02.17

선택

내가 어느 길을 가든
나 자신을 믿을 수 있다면

내가 어떤 바람에 마구 흔들려도
나의 길을 향해 똑바로 바라본다면
몇 번을 넘어져도 다시 일어날 수 있으리

내가 가는 길의 끝이
후회가 있든
눈물이 있든
꿈이 있든
절망이 있든
내 마음의 주인이 오롯이 나라면
그 길은 끝이 아니라...

14.02.26

친구

누군가에게 내가
정말 없어서는 안 될 친구였으면 좋겠다

나도 누군가에게
세월이 지나서도 함께 있는
소중한 친구가 되어주고 싶다

14.03.16

사과

사람의 마음엔 바람이 있어
때로는 그 바람이
내 마음을 잔잔히 하고
시원하게 하고
때로는 태풍을 부르기도 합니다

그래서
내 마음은 더 황폐해졌습니다
쓰러져 버린 안식처
꺾여버린 꽃, 나무
구름 낀 하늘
자꾸만 비가 내려옵니다
투두둑 투두둑
그 눈물이 자꾸만 나를 더 아프게 합니다

오늘도
태풍이 지나갔습니다
모든 것을 휩쓸고 지나간 이곳
황폐한 이곳
그래서 더욱더 모래 먼지 같이 답답한
나의 잘못이 떠오르고
눈물이 떠올라 편지를 씁니다

14.04.07

고3

추운 겨울이 가고
봄이 찾아왔지만
우리들의 겨울은 아직 끝나지 않았나 보다
연둣빛 찬란한 아름다움을 싹틔우기 위해서
우리는 지금
캄캄한 어둠 속에서
작은 빛도 느끼지 못할 만큼
차디찬 눈보라를 견디고 있나 보다

한바탕 세차게 불어오는 바람과
너무도 무거운 눈의 무게를
언젠가
밝은 햇살이 녹일 것을 믿고서
그 속에서 우리들의 꿈이 움틀 것을 알고서
꿋꿋이 견디고 있나 보다
우리는 그렇게

14.04.09

세월

보이지 않는 순간순간인데
나비의 날갯짓 같은
1초의 똑딱임에도
모든 이의 얼굴에
모든 이의 마음에 흔적을 남기고 가는구나

팽팽했던 그녀의 얼굴에
깊은 발자국을 남기며
한없이 어리던 꼬마의 마음에
하나둘
추억의 꽃잎이 움트며
그렇게 세월은 가고 있구나
세월이 지나간 모습을 볼 수 있구나

보이지 않는 순간순간인데
나비의 날갯짓같이 아름다운
고요한 세월은
어느 곳을 향해
누구를 만나기 위해 바쁘게도 흘러가는지
궁금하기만 하구나

14.04.10

슬픔

★
세월호 사고를 접하고

꽃도 제대로 피워보지 못한 아이들이
바다 깊은 곳에서 헤어 나오지 못하고 있습니다

우리는 모두
깊은 슬픔에 빠져
허우적거리고 있습니다

얘들아
어서 돌아와... 응?

14.04.19

기도

애들아
우리들 모두의 기도가 느껴지니?
할 수 있는 게
작은 화면 속 너희를 지켜보며
기도하는 것밖에 없어서
정말 미안해

미안해서 또 기도 해
이 기도가 너희에게 닿기를...

14.04.20

인생

인생은 참 힘이 든다
오늘은 쉬고 싶은데
혹시나 길을 잃을까 봐
나만 뒤처져 혼자 남을까 봐
부지런히
오늘도 걷고 걷는다

14.05.13

피곤

요즘은
왜 이렇게 몸이 힘들고 피곤한지
자꾸만 쉬고 싶네

시간도 잠시 멈춰
나와 함께 쉬었으면 좋겠네

너무너무 힘들고
몸이 피곤한 요즘

14.05.16

가고 싶네

얼른 나아서
움츠리고 있는
나의 '꿈' 날개를 펼치고 싶네

시원한 바람 따라
내가 원하는 곳으로
푸른 하늘 따라
밝은 빛이 있는 곳으로

가고 싶네
어서 가고 싶네

14.07.13

제일 싫은 말

'장애인'이라는 말보다
"너 왜 이렇게 이상하게 걸어?"라는 말보다 가장 싫은 말은
'못한다'라는 말

나는 할 수 없는 일이 너무 많아서
못 하는 일이 너무 많아서
아픈 곳이 너무 많아서
못한다는 말이 너무 싫네

오기로라도 해내 보이고
못한다는 말보다
할 수 있다는 말이
나는 듣고 싶네

14.08.04

발걸음

터벅터벅
누군가의 발걸음은
물에 젖은 듯 무겁고 피곤한 소리

뚜벅뚜벅
누군가의 발걸음은
망설임 없이 나아가는 활기찬 소리

타닥 타다닥
누군가의 발걸음은
열심히 뛰어가는 열정의 소리

두...벅...두...벅
누군가의 발걸음은 한 발 한 발이 조심스러운
아슬아슬한 소리이네

그러나 모든 발걸음은 오늘을 살아가고 있네
그들의 꿈을 향해서
또 다른 내일을 위해서

14.08.06

운명

운명이라는 게...
정말 있을까?

공연이 끝나고 돌아가던 길
사고로 죽은 연예인도
내가 아프게 된 것도...
다 정해진 일이었을까...?

머릿속이 뒤죽박죽
마음이 뒤숭숭하네

14.09.14

눈물

오늘
아무리 흘려도
내일
또 흐르고
모레도 흐르네
쉼 없이
다함이 없네

14.10.24

지하철

병원에 가거나
상 받으러 갈 때
도움반에서 소풍을 갈 때 밖에
타 본 적 없는 지하철
처음으로
친구와 둘이 연극을 보러 가네

덜컹이는 지하철 안
아기가 울고
사람들이 복작이는 지하철 안
몸은 힘들지만
설렘이 가득하네
고마움이 쉼 없이 덜컹이네

14.11.16

도전

늘 새롭고 무섭다
두렵고 망설여진다

그러나
멈추지 않으리

15.01.04

바람

잘 됐으면 좋겠다
기대하지 않으면서도
자꾸만 기대하고 후회하고
바람이 자꾸 생긴다

한 번만
나에게 기회가 생겼으면
좋겠다

15.01.28

사랑합니다

나는 사랑합니다
나 자신을
나는 사랑합니다
나의 가족을
나는 사랑합니다
이 순간을
그리고
나와 함께하는 사람들을

사랑하니까 사랑하게 됐습니다
사랑받으니까 사랑하게 됐습니다
사랑 주니까 사랑하게 됐습니다
나는 오늘도 사랑하겠습니다
사랑하고 있습니다

15.01.31

안 부러워요

요즘 새 학기가 시작돼서
대학교 OT에 가는 친구들이 참 많아요
오늘도 핸드폰을 켜니
OT에 간 친구들의 들뜬 마음이 가득해요

나도 건강했더라면
지금쯤 열심히 공부해서
좋은 대학교에 가고
아르바이트를 하면서 부모님께 용돈도 드리고 있지 않았을까?
건강한 친구들이 부러워
괜스레 이런 생각도 해봐요
속이 더 상했어요

그런데
오늘은 이런 친구들이 하나도 안 부러웠어요
이른 아침
입을 가시기 싫에
안타까움에 나를 품에 꼭 안아주시던 우리 엄마
그 마음에
그 사랑에
친구들 하나도 안 부러워요

15.02.25

말을 할 줄 안다면

곧 있으면 불어올 봄바람
하늘하늘 날아와
나에게 말을 할 줄 안다면 참 좋겠네

여름이 지나고 가을이 지나고
겨울이 지나 찾아온 우리나라
그 길었던 여행의 경험을 듣고 싶네
하늘에서 바라본 세상 이야기
곰
토끼
다람쥐
많은 동물 중 어느 누구는 그렇게 잠버릇이 고약하노라고
깨우느라 힘이 들었다고
따사로운 봄날 나무 의자에 걸터앉아
이야기 나눌 수 있었으면 좋겠네

사람들은 하나둘 일터에 가고
햇살이 두 다리를 흔들며 앉아있는 버스정류장 의자
버스정류장 의자도 말을 할 줄 안다면 참 좋겠네
출근하는 사람들
등교하는 아이들
시장을 잔뜩 보고 오시는 아주머니들까지
매일 아침이 바쁘지만
한가로운 토요일과 일요일을 지내고 나면
월요일이 그중에 가장 바쁘고 힘이 들더라고
의자에 걸터앉아 이야기 나누고 싶네

아이스크림을 한 손에 들고서
오늘 자신 위에 앉은 어떤 아저씨의 바지에
구멍이 나 있었다고
엄마와 함께 손을 잡고 기다리는 동그란 아이의 궁둥이가
그렇게 앙증맞게 귀여웠었다고
깔깔깔 웃고 싶네
달콤하고 맛있는 그 이야기들을 먹고 싶네
재미난 그 이야기를 듣고 싶네

15.03.05

선인장

얼마나 힘들었으면
가시를 잔뜩 곤추세웠니
너에게로 향하는 내 마음을 주고
따뜻함 가득한 자리로 내어주어도
너는 언제나 마음을 열지 않는구나

얼마나 외로웠니
오랜만에 마주한 내 얼굴 미울 법도 한데
미안한 내 마음 알아주듯이
너는 다시 일어서는구나
또다시 너는 가시를 잔뜩 세우는구나

15.03.26

바람

어린아이 하나 없는 한적한
시골
오랜만에 새로운 이를 본 바람이 신났다
손바닥만 한 푸른 눈들로 우리 가족을 관찰하고
소박한 구름 가족도 데려와 나에게 소개한다

우리가 떠날 적엔 너무 아쉬워서
금빛 머리 흩날리며
자꾸만 우리를 쫓아온다

15.04.01

처음

처음은 늘 무서워요
캄캄한 동굴 속에 혼자 남겨져 있는 기분

처음으로 혼자
지하철을 타는 것도

처음으로 혼자
운전대를 잡고 복잡한 서울을 가는 것도
모두 모두 두려워요

그러나 그거 아세요?
우리들 인생은 모두가 처음이라는 걸
처음 되어보는 자식
처음 되어보는 사회초년생
처음 되어보는 부모
처음 맞은 오늘
우리 모두 처음이지만
함께라서 어둠을 헤쳐나갈 수 있는걸요

15.04.15

나비

나비 한 마리가
거친 바람 속을 날아간다
큰바람에 대항하듯
작은 날개를 휘젓는다
목적지를 향해 끝없이 날갯짓해도
점점 멀어져만 가는 나비
나비는 이제 지쳐만 간다

15.05.22

바람

지금 들은 소리는 바람이 되었다
난 아무것도 듣지 않은 거야
나의 기억은 바람이 되었다
내 맘속에서 쌩하니 지나가는 기억들
난 아무것도 기억하지 못하는 거야

내 아픔도
슬픔도
눈물도
아무에게도 보이고 싶지 않아
난 바람이 되고 싶어

15.06.02

날갯짓

꽃은
푸른 하늘을 훨훨 날아다니는 새들이 부럽습니다
오늘도 꽃은 하늘을 바라보며 작은 한숨 짓습니다

그런 꽃에게
봄바람이 다가와 위로를 합니다
"꽃아
너의 향기는
새들의 날갯짓보다 향기로워"
"꽃아
너의 꽃잎은
새들의 날개보다 아름다워"

발그레
분홍빛 물든 꽃이 기뻐서
수줍게 웃습니다
팔랑팔랑
새들처럼 날갯짓하며
아름다운 향기를 바람에게 선물합니다
바람은 향기를 가슴에 안고
여행을 떠납니다

15.06.24

비

어렸을 때 그네타기를 참 좋아했어요
파란 하늘에 눈을 맞추고
앞뒤로 그네를 타면
하늘에 가까워지고 멀어지기도 하는 게
휙휙 가르는 바람 소리가
날 보고 웃는 하늘의 웃음소리 같았어요
하늘이 자꾸만 뭐라고 내게 이야기하는 것 같았어요
한 시간
두 시간…
시간 가는 줄 모르고 하늘과 수다를 떨었어요

그래서 하늘은 지금도 내 마음을 기가 막히게 잘 알아맞혀요
내가 슬퍼서 하늘이 슬픈 건지
하늘이 슬퍼서 내가 슬픈 건지
오늘
내 마음에도
하늘에도 비가 내려요
어디다 터놓고 말할 수 없는 마음
다 비가 되어버렸어요

15.06.26

꿈

어둠이 찾아왔다고
무서워 겁먹지 마
봐
눈을 떠봐
어둠 속에서 너는 더욱 빛나고 있는걸?

바람이 분다고
두려워 떨지 마
자
느껴봐
더 깊숙이 뿌리를 내린 너 자신을

곁에 아무도 없다고
외로워 좌절 마
생각해
꿈을 이룬 네 모습을

꿈이 있는 너는
아름다워
꿈이 있는 너는
참 강해
꿈이 있는 너는
혼자가 아니야

넌 할 수 있어

15.07.15

생각

하루에도 몇 번씩
그네를 타요

이쪽으로 갔다가
저쪽으로 갔다가

언제쯤
내 그네가
그 가운데 중심을 잡고
멈출지 모르겠어요

15.07.21

20대

친구들은 해외여행도 다니며
멋지게 보내고 있는 20대

나는
그보다 한 살이나 더 먹었는데
매일 집에만 있네 한 것도 없이...
하루가 참 아깝네

어떻게 하면 잘 지낼 수 있을까
나도 참 멋있게 보내고 싶은 20대
후회 없이 보내고 싶은 20대

15.07.28

쉬고 싶다

오늘은 아무것도 안 하고
쉬고 싶다
누워만 있고 싶다
생각만 하고 싶다

나 그동안 열심히 살았는데
불안해하지 않고
신경 쓰지 않고
오늘은 푹 쉬고 싶다

그러고 싶다
오늘은

15.08.27

가을

푸르던 여름이
하늘로 올라갔다
더 높게 높게
더 파랗게 파랗게 잎을 틔운다

뜨겁게 울던 매미 울음은
햇살이 되어 곡식을 익게 한다
수많은 땀방울을 달게 한다

그렇게 여름이 가고
서서히 가을이 오고 있었다
하늘에 음표를 그리는 잠자리의 지휘 아래
모두가 가을의 노래를 준비하고 있다

15.09.01

조화로운 삶

낮은 곳에 누워
온종일 위를 바라보는 땅은
하늘이 참 부럽습니다
"하늘아 너는 참 높은 곳에 있어서 좋겠다
아무리 튼튼한 팔을 뻗어 손가락을 틔워도
난 그곳에 닿을 수가 없어"

온종일 구름배를 띄우며 노는 하늘은
땅에게 말합니다
"그렇지 않아 땅아. 나에겐 네가 더 높은 곳에 있는걸?
아무리 구름 타고 흘러가도
난 네가 있는 곳으로 갈 수가 없어"

하늘과 땅은 오늘 알았어요
서로가 있기에 자신들이 있다는 걸요
마주 보며 웃고 있어서
함께 빛나고 있다는 걸요

15.09.05

멈춰있는 것

늘 그 자리에서
위를 보면 볼 수 있는 하늘도
사실은 움직이고 있는 걸
바람 따라 빛 따라
뭉게뭉게 피어나고 움직이고 있는 걸

늘 그 자리에서
외다리로 서 있는 나무도
사실은 움직이고 있는 걸
모든 풍경과 함께
박자 맞춰 춤도 추고 손도 흔들어보는 걸

아무도 없는 빈 거리
어둠에게 내어준 도로도
사실은 깜빡이는 신호등과 함께
내일을 준비하고 있는걸

15.09.15

하루

똑같은 하루 속에
꿈으로 살아가는 그 길에
어떤 날은 지쳐 멈추고
어떤 날은 열심히 걷네

하늘이라면
돌도 없고 나무뿌리도 없어
걸어가기 쉬운 것 같고
내 길은 돌도 많고 뿌리도 참 많은 것 같네

그래도 나의 길
다리가 불편하고 눈도 잘 보이지 않는 내 길
내 길이기에
때로는 그 길에 꽃과 친구 되고
가끔은 그 길에 돌과도 친구 되어 하루를 걸어가네

15.10.22

김영환 PD 아저씨

★
방송 프로그램에 출연하게 되어 만났습니다.
그 후에도 유진 자매에게 많은 도움을 주셨습니다.

작고 어린 나는 할 수 있는 게 없는 것 같아
울었습니다

누가 나를 도와줄 수 있을까?
열심히 발버둥 쳤지만 다치기만 했습니다
그런 우리의 여린 울음소리를 들어주신 김영환 PD 아저씨
저는 또 한 번 큰 은혜를 입었습니다

힘을 내어 날라고 달아주신 그 날개에
따뜻한 바람이 불어왔습니다
바람이 품은 그 꽃내음 풀 내음에 힘이 나
더 힘차게 날 수 있을 것 같습니다

열심히 날갯짓을 준비하는 작은 새는
오늘도 꿈꿉니다

언젠가
멋진 날갯짓으로 씨앗 물고 와
큰 은혜 갚을 수 있는 날을요

김영환 PD 아저씨
큰 은혜에 정말 정말 감사드립니다
항상 건강하세요

15.10.27

밤

사는 게 왜 이렇게 힘든 건지
내 인생만 이렇게 힘든 건지

가끔은
계속 밤이었으면 좋겠어요
계속 잠만 잘 수 있게요

그런데 또 한 편으론
이 밤이 너무 길지 않았으면
좋겠어요

내 눈물이
하늘에 무수히 박힌 날
밤

15.10.30

날씨

어제는 울었다
하늘도 울고
꽃도 울고
나도 울고
새도 울었다

오늘은 웃었다
하늘도 웃고
꽃도 웃고
나도 웃고
해도 웃었다

왜 우는지
왜 웃는지 알지 못했지만
내 마음이 그랬다

15.11.10

새벽

내 마음 깊은 곳
어둠이 나를 깨운다
외로움은 싫어도
혼자만의 시간이 참 좋다

내 마음 어둠 속
별처럼 박힌 걱정이
밝은 빛으로 꽃 피어나는 새벽
혼자만의 시간이 참 좋다

15.11.13

새벽

★
이 시를 쓴 날, 유진 자매는 뇌출혈이 일어나 3개월 동안 의식을 잃었습니다.
그 후 의식을 찾았지만 평범한 일상을 찾지는 못했습니다.

생각이 많은 날
새벽하늘도 생각이 많은지
나처럼
내 마음처럼 캄캄하네

어서
밝은 태양이 떠오르길
나도 기다리고 있네

15.11.20

진짜 진짜 좋아해

★
중환자실에서 마지막으로 쓴 시

진짜 진짜 좋아해
유진이가 엄마를 진짜 진짜 좋아해

진짜 진짜 좋아해
엄마가 나를 진짜 진짜 좋아해

진짜 진짜 좋아해
아빠가 나를 진짜 진짜 좋아해
나도 아빠를 진짜 진짜 좋아해

나는 오빠도 진짜 진짜 좋아해
오빠도 나를 진짜 진짜 좋아해

16.10.29

유진이에게

기적은 일어난다
유진아 오늘은 흰 눈이 왔어
눈 좋아하지
옛날에 오빠랑 눈사람 만들어서
줄 세워 놓은 것 생각나지

그리고 태경이랑 현아랑
우리 집에 놀러 와서
눈사람 만들었지

유진아 빨리 좋아져서
눈 오는 날 엄마랑도
눈사람 만들자 꼭

16.12.29.

유진아 엄마랑

글 쓰자
사랑하는 하나님 아버지
유진이 빨리 낫게 해 주세요
아버지 저 꼭 치료해 주세요
예수님 이름으로 간절히 기도합니다
아멘

17.06.21

| 고(故) 장유진 시인의 흔적 |

내 꿈 목록 ★

I can do it Never give up do one best!

1. 2010. 7. 3 ⑯ - 교육부 장관 상 받기
2. 2010. 10. 25 ⑯ - 날씬해 지기
3. 2011. 8. 2 ⑰ 한양대 시 낭송에서 장원하기
4. 2011. 8. 12 ⑰ 병 다 낫기
5. 2013. 6. 21 ⑲ 에세이, 소설책 내기
6. 2013. 9. 27 ⑲ KBS 우리말 달인에서 달인되기
7. 〃 10. 14 ⑲ 고등학교 졸업전에 대통령상 받기
8. 〃 11. 7 ⑲ 고등학교 때 등 상위권에 들기
9. 2014. 2. 23 ⑳ 수능 잘 보기
10. 2014. 3. 25 ⑳ 서울대 입학
11. 2018. 4. 3 ㉔ '신춘문예'에 당선되기
12. 2020. 8. 9 ㉖ KBS 한에 능력평가에서 만점받기
13. 〃 9. 12 ㉖ 이금희 아나운서 같은 멋진 아나운서 되기
14. 2026. 11. 24 ㉜ 내 시집이 전 세계어로 번역되어 각 곳으로 퍼지기
15. 2030. 5. 4 ㊱ 서울대 국어 국문과 교수되기
16. 2031. 8. 5 ㊲ 내 소설이나 이야기가 영화로 만들어 지기
17. 2032. 12. 7 ㊳ 내 시집 베스트 셀러 되기
18. 2032. 12. 9 ㊳ 베스트 셀러 작가 되기
19. 2052. 5. 10 ㊽ 노벨 문학상 받기
20. 2034. 6. 5 ㊵ 내 쓴 글이 교과서에 실리기
21. 2095. 6. 9 ⑩ 죽을 때 까지 책 100권 내기

《나는 할 수 있다!》

소년조선일보
(2009.01.11)

해맑은 어린 시인에게 '긍정의 힘' 얻어

병마의 그늘 없는 장유진 양

안산=한준호 기자

지난 7일, 11개월 만에 다시 만난 장유진 양은 여전히 밝고 환했다. 몸은 조금 더 불편해 보였지만, 매일 새벽 5시에 일어나 열심히 시를 쓴다고 했다.

취재 섭외를 할 때 유난히 조심스러운 경우가 있다. 몸이 몹시 아프거나 장애가 있는 어린이, 또는 형편이 안 좋은 어린이가 그렇다. 장유진 양(경기 초지초등 6년)은 이 중 두 가지에 해당했다. 네 차례나 뇌수술을 받은 후유증으로 몸의 절반은 성장이 더딘 데다가, 병이 완치된 것도 아니었다. 그런데도 동시집을 네 권이나 펴냈다는 소식에 전화를 걸었고, 지난해 2월 22일 안산으로 찾아갔다 (소년조선일보 2008년 2월 28일 보도).

초등생을 만나는데 마음이 떨렸다고 하면 누가 믿을까? 문이 열리기를 기다리는 사이, 가슴이 뛰기 시작했다. '어두운 표정의 아이가 나오면 어쩌나' 두려웠다.

그러나 모두 쓸·모·없·는 걱정이었다. 유진이는 너무나 밝았다. 성장이 더딘 왼쪽 다리 때문에 절뚝거리지만 않았다면, 그녀에게서 병마의 그늘을 찾아보기란 불가능에 가까웠다.

오히려 걱정스러운 쪽은 어머니였다. 어머니는 어린 딸의 고통에 마음이 약해져 있었고, 지난 세월을 돌아보며 눈시울을 붉혔다. 의젓한 딸은 엄마를 위로했다. "엄마, 좋은 생각만 하세요…."

유진이는 병원 침대에 누워 시를 쓰기 시작했다고 했다. 침대 밖으론 한발자국도 나갈 수 없는 상황에서 할 수 있는 일이라곤 흰 종이 위에 마음을 적는 것뿐이었으리라…. 시는 그렇게 유진이를 찾아왔고, 매일 새벽 5시 그녀와 만났다.

유진이는 가끔 아픈길 잘했다는 생각이 든다고 했다. 입으로 음식을 먹고 혼자 옷을 입을 수 있다는 게 얼마나 감사한 일인지 알게 됐기 때문이란다. 무엇보다도 아프지 않았다면 시를 만나지 못했을 거라고 했다.

취재를 마치고 서울로 돌아오는 길, 어린 시인에게서 큰 위로를 받은 느낌이었다. 스스로를 돌아보며 부끄럽기도 했다. 고단한 일상에 지칠 때면 기자는 그녀의 얼굴을 떠올리곤 한다. 유진이는 기자에게 상큼한 비타민이자 눈부신 햇살이다.

류현아 기자 haryu@chosun.com

아름다운 동행
(2013.03.10)

18 People   2013·3·10 아름다운동행

피플 | 뇌병변장애 가진 '어린 시인' 장유진

동심으로 시작했으나 때로는 아픈 가슴을 노래했던 시들이 '꿈이 이루어지는 세상', '내 꽃은 항상 웃고 있습니다', '밥그릇이 되고 싶어요' 라는 시집들로 묶어지고 유진이의 시를 통해 위로받는 사람들이 생겨났다.

"시련 통해 '시' 쓰게 하신 하나님, 감사해요!"

11차례 일어난 뇌출혈 이기고 7000편 시 써

난치병 환아 23명과 일반 성인 봉사자 19명으로 이루어진 '메이크어위시 합창단' 응원이 지난 1월 28일 온라인 응원 사이트들을 통해 시작되었다.

메이크어위시 합창단은 생명의 위협을 받고 있는 아동들의 소원을 들어주는 세계 최대 소원 성취 전문기관 인 한국메이크어위시재단에서 난치병 아동들에게 용기와 희망을 주겠다는 취지로 조직된 합창단으로 지난 2011년 9월 첫 음반을 출시한 이후 어번에 두 번째 음반을 출시한 것.

난치병을 앓고 있는 어린이들이 함께 모여 '희망의 노래'를 부른 것만 해도 뉴스가 되었지만 특히 타이틀곡인 'Wishes'의 가사를 작사하여 재능을 기부한 장유진양(18세, 안산제일교회)의 이야기가 화제가 되었다.

"까만 밤 하늘 속에 밝게 빛나는 별들/그대 마음에 가득히 오늘 면밀 따뜻한 바람 불어오는 그날/그대 보이나요/ 아름다운 꿈이 입술 빛깔이 무지개/그대 느껴나요/우리들의 희망 그 소중함을 함께 만들어요"

재단을 통해 시인이 되고 싶은 소원을 이룬 장유진양은 2002년 뇌동정맥기형으로 인한 뇌출혈을 일으키고 쓰러져 현재 뇌병변장애 2급과 시각장애 4급을 받은 상태. 그런데 그런 장애에도 불구하고 유진양은 지난 10여 년간 스프링 노트로는 45권째 7000여편의 시를 쓴 것이다.

"아이가 뇌출혈을 일으켜 병원에 입원하면 너무 심심해하더라고요. 그러던 어느 날 초등학교 1학년인 유진이가 밤에 병원 창 쪽에 앉아 야경을 구경하다가 이렇게 말했어요. '엄마, 별들이 내려와서 앉았어요'

그것을 종이에 적은 것이 첫 번째 시였다. 그 뒤 병원 전체에 유진이가 쓴 시와 그림이 소문이 났다. 퇴원하는 할머니 환자들이 선물로 크레파스와 종합장을 선물해주었다.

너무나 귀여운 얼굴에 해맑게 웃고, 답도 또박또박하는 유진이를 보면 전혀 장애가 있어 보이지 않지만 세 번째 뇌출혈 후 우뇌에 뇌경색이 왔다. 그 후유증으로 왼쪽 눈도 안 보이고 몸의 왼쪽 마비가 와 발육도 덜 되어 있는 상태로, 오른쪽 머리에는 뼈도 없어 만져보니 말랑하게 느껴졌다.

"처음 뇌출혈 일으켰을 때 병원에서 포기하라고

> 초등학교 1학년인 유진이가 밤에 병원 창 쪽에 앉아 야경을 구경하다가 이렇게 말했어요.
> '엄마, 별들이 내려와서 앉았어요'.
> 그것을 종이에 적은 것이 첫 번째 시였다.

하더군요. 수술해도 식물인간 될 거라고, 수술 한 번은 해보자고 들여보냈는데 수술 중에도 또 뇌출혈을 일으켰습니다."

살아나기는 했지만 유진양은 한동안 말도 못하고 혼자서는 아무 것도 할 수 없는 사태였다. 대수술 이후에도 11차례나 뇌출혈이 일어나고 입원은 반복되었다. 친구들이 부럽고 부러웠다.

"기자님, 제가요. 죽고 싶어서 자해도 하고, 죽으려고 옥상에도 올라갔어요. 그런데 문이 잠겨 있어서 내려왔지요. 수백 번 수천번 하나님께 물었어요. 왜 내게 이런 시련을 주시냐고요. 그런데 아무리 물어도 답이 없더라고요.

그러나 그 질문에 대한 답은 예상치 못한 다른 방향으로 돌려왔다.

동심으로 시작했으나 때로는 아픈 가슴을 노래했던 시들이 '꿈이 이루어지는 세상', '내 꽃은 항상 웃고 있습니다', '밥그릇이 되고 싶어요' 라는 시집들로 묶어지고 유진이의 시를 통해 위로받는 사람들이 생겨났다.

"우리 유진이는요, 새벽마다 5시면 일어나요. 그래서 5분 동안 기도하고 시를 씁니다. 엄마로서 한 편 한 편의 시들이 너무 귀한데 사장님께서 여러 대회에도 대보내주며 또 격려해나다. 그런 동안 시를 통해 11명의 인생이라도 좋은 영향을 준다면 100살 산 것보다 더 가치 있지 않겠나고 말합니다."

어머니 이성애씨는 눈물을 훔치며 답한다.

"저는요, 장애인이 안 됐으면 시를 안 썼을 것 같아요. 1000명 중에 제가 대신

유진이가 자신의 시집과 수필을 글짓기 대회에서 받은 상을 읽어며 웃고 있다.

204
장유진 시인 유고집

유진이의 꿈목록. 처음에는 침묵만 하더니 자유롭게 움직일 수 있는 오른손을 들어 '보'를 표시했다.

아프기로 하고 시를 쓰는 것 아닐까 생각했어요. 하나님께서 저한테 왜 시련을 주셨는지 알겠더라고요. 그전에는 질문이 참 많았는데 지금은 안 해요. 알겠거든요. 이제는 감사해요."

〈좋아요 좋아요 나는〉

눈이 나쁘고/ 걸음마가 이쁘지 많고/ 팔도 잘 움직이지 않고/ 손도 잘 움직이지 않지만/ 나는 좋아요/ 왜냐하면 하나님이 훌륭한/ 사람으로 만들기 위해서 고통을 주시지만/ 나는 고통을 이겨내서/ 훌륭한 사람이 될 수 있다고 생각해요/ 그래서 좋아요/ 나의 모든 것이.

그뿐만이 아니다. 시를 쓰면서 꿈을 키우기 시작했다.

"각종 글짓기 대회에 나가 수상하게 되고 시를 쓰면서 나도 뭔가 할 수 있다는 자신감이 생기니까 꿈이 생기더라고요."

〈나의 모든 것〉

나의 모든 것은 누가 아니고/ 나에게 달려 있다/ 또 이 세상에 있는 나의 엄마뿐 모를까/ 나에게는 모든 것이 나에게 있다/ 나의 자신이 나의 모든 것을 알고 있다/ 나는 지금 나의 모든 것을 생각 중이다/ 생각해보자 나의 모든 것을.

그래서 유진이의 작은 방 벽에는 2080년까지의 '꿈목록'이 붙어 있다. 또래 여학생처럼 '날씬해지기'부터 '내 소설이나 이야기가 영화로 만들어지기' 등 다양한 꿈이 적혀 있다. 그중 특히 붉은 줄로 강조해 놓은 '죽을 때까지 시집 100권 내기'가 눈에 들어온다.

"소원이 있다면 정말 계속 시를 써서 다른 사람에게 희망을 주고 싶어요. 제가 시를 통해서 꿈과 희망을 얻은 것처럼 언젠가는 사람들이 제 시를 통해서 꿈과 희망을 얻으면 좋겠어요. 그럴 수 있겠지요?"

방긋 웃는 유진이의 얼굴에 햇살이 내려앉는다. 꿈은 이루어질 것이다.

이경남 기자

치명적인 병마와 싸우며 시 쓰는 장유진

15년째 병상에 누워
7천여편 시를 쓰는 유진이

안산정론신문
(2016.07.27)

단원구의 한 요양병원에서 올해 21세인 장유진 양이 누워있다. 뇌동정맥기형이라는 희귀한 질병으로 인해서 15년째 병원에 누워있는 장유진양. 초등학교도 다니지 못한 상태로 쓰러졌지만 장양은 오늘도 시를 쓴다. 뿌연 안개 속처럼 제대로 보이지 않고, 큰 소리로 말해야 겨우 알아들을 수 있지만 오늘도 또 장양은 시를 쓴다. 지난 29일 단원구에 있는 요양병원을 찾아 장유진 양을 만났다. 장양은 의사소통이 원활하지 않아서 장양의 어머니 이성자씨와 대화했다.

갑자기 쓰러지다

2002년 7월7일 초등학교 1학년인 장유진 양은 붉은 악마 티셔츠를 입고 저녁까지 아들과 놀이터에서 놀았다. 대한민국 축구팀이 뇌동대부터 4강까지 선풍한 이에 취한 어린이들은 대부분 붉은 티셔츠를 입었다. 유진이는 7시12월 즈음이 돌아와서 나들을 함꼐 위해서 욕실로 들어갔다. 그리고는 다시 나오지 못했다. 샤워를 하던 중 머리가 너무 아파서 싸워하지 못하고 머리를 감고 있는 그대로 쓰러졌다. 그 이후로 유진이는 일어나지 못했다.

뇌동정맥기형, 의사는 병원을 이렇게 말했다. 뇌 속의 혈관이 제자리를 찾지 못한 채 서로 엉켜있는 것이라고 했다. 15년째 병원에 누워있으면서 14번의 대수술을 일으켰고, 눈병변 고조, 시각장애 4급 판정을 받았다. 비보기 싫은 치료이지만, 감마나이프 수술, 방사선 치료, 약물치료를 지속적으로 이어오고 있다.

유진이 시를 쓰다

장유진양은 시간에 대한 정확한 인식이 없다. 병실에서 누워만 있기 때문에 날과 감각도 없다. 장양이 침대 위에서 "오늘이 몇 월 몇 일인지 적힌 종이가 걸려있다. 기자가 장양을 찾았을 때 장양이 시간을 물었다.

"2시 30분"이라고 말하자 장양은 되풀었다. "새벽이요?" "아니 오후 2시30분."

이렇게 시간이 어떻게 흐르든 말도 모른 일, 글을 쓰는 일은 쉬지 않는다.

"글 쓰는 것을 제일 좋아해요. 그래서 잠에서 깨어나서 정신을 차리면 글을 쓸 수 있도록 도와주고 있습니다." 장양의 어머니 말이다.

7천편의 시를 쓰다

병마와 싸우면서 장양이 써낸 글은 무려 7천여편이다. 물론 장양이 쓴 글의 수준이 전문인으로 글을 쓰는 사람들의 그것처럼 완성도가 높은 것은 아니다. 하지만 초등학교 1학년 쓰러져서 그 이후로 이상의

초등학교 1학년 때 쓰러져
15년째 병상에 누워 생활

글쓰는 꿈을 버리지 않아
노트 58권에 가득 시를 적어

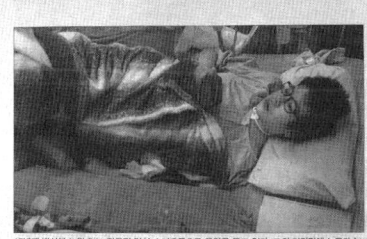

15년째 병상에 누워 있는 장유진 양이 스마트폰으로 음악을 듣고 있다. 그의 머리맡에 노트가 놓여 있다. 틈틈히 시를 적는 노트다.

교육을 받지 못한 중등학생들에 비하면 쓰는 글은 높이 평가된다.

생각이 많은 날/새벽까지 생각이 많은/ 지나칠처럼 마음이랑 반찬이라/ 나의 아 난 태양이 피로하다가도 기다려진/ 장양이 쓴 '새벽'이라는 제목의 시다.

장양의 글이 적힌 58권의 노트

장양은 모두 58권의 노트에 시를 적었다. 머리가 아프지 않은 때, 쓰고 싶은 글이 생길 때마다 한 글자씩 노트에 글을 적은 것이다. 장양의 건강은 더 악화되고 있다. 심폐소생술을 해서 다시 살을 이어주기도 했다. 그런 장양이기에 앞으로 더 이상 일반가 글을 쓸 수 있을지 어느 누구도 알 수 없다. 그럼에도 장양과 어머니는 희망을 놓지 않는다. "유일한 즐거움이, 유진이가 글을 쓰는 것을 지켜볼 수 있는 것인데 그게 유일한 즐거움이었는데 함께 할 수 있는 유일한 즐거움이라니. 글을 쓰는 순간에는 자신이 아프다는 것을 잊을 수 있는 유일한 시간이겠지요."

장유진 양의 어머니에게는 지금도 노트가 놓여 있다. 59권째 노트다. 장양이 생각이 날 때마다 한 글자씩 적어주기 위해서다.

안산정론신문은 8월30일 난치병환우 돕기 안산시장애인클럽과 함께 개최한다. 이 골프대회를 통해 얻어지는 수익금을 장유진양의 부모에게 전달하기로 했다.

변억원 기자
pen100@ansan.net

205
너의 꽃잎은 새들의 날개보다 아름다워